Inhaltsverzeichnis

Inhaltsverzeichnis

Ihre Kunden in der Bäckerei sind mit Ihrem Angebot an Brot und Brötchen sehr zufrieden. Sie sind jedoch erstaunt, dass es im Gegensatz zur Konditorei in der Nähe in Ihrer Bäckerei keine Pralinen aus eigener Herstellung gibt. Daher erläutern Sie die unterschiedlichen Berufsfelder und Erzeugnisse der Bäckerei und Konditorei.

1 Vervollständigen Sie die Übersicht über die Back- und Süßwarenberufe und deren Symbole.

Im Mittelalter (8. bis 15. Jahrhundert) entwickelte sich die Kunst des Brotbackens. Es entstand der Beruf der:	Später wurden Backwaren mit Zucker und anderen feinen Zutaten zu Kuchen und Gebäcken verfeinert. Diese Spezialisten nannte man:	In fürstlichen Höfen entwickelte sich im 17. Jahrhundert die Herstellung der Süßwaren zur Kunst. Es entstand der Beruf der:

Symbol:

Symbol:

2 Tragen Sie folgende Erzeugnisse in das zugehörige Berufsfeld ein:

• Pralinen • Brötchen • Brote • Gebäcke aus Hefe-, Blätter- und Mürbeteig • Speiseeis • Torten
• Snacks und kleine Gerichte • Schokoladenartikel • Kuchen • Baumkuchen • Brezeln
• Laugengebäcke • Marzipanartikel

Bäckerei	Bäckerei und Konditorei	Konditorei

3 Suchen Sie aus dem Silbenrätsel drei Getränke, drei Feine Backwaren und vier kleine Gerichte, die im Bäckerei/Konditorei-Café angeboten werden.

3 Getränke:	DE – FEE – KAF – KO – LA – SCHO – TEE – TRINK
3 Feine Backwaren:	CHEN – DES – KU – SERTS – TEN – TOR
4 kleine Gerichte:	FRÜH – LA – SA – SNACKS – STÜCK – TE – TOASTS

Getränke:

Feine Backwaren:

Kleine Gerichte

Name: Klasse: Datum:

LF 1.1

Sie wollen eine Bäckerei/Konditorei eröffnen. Zuvor verschaffen Sie sich einen Überblick, wie viele Räume und welche Einrichtungsgegenstände, Maschinen und Geräte benötigt werden.

Vervollständigen Sie die Mind-Map.

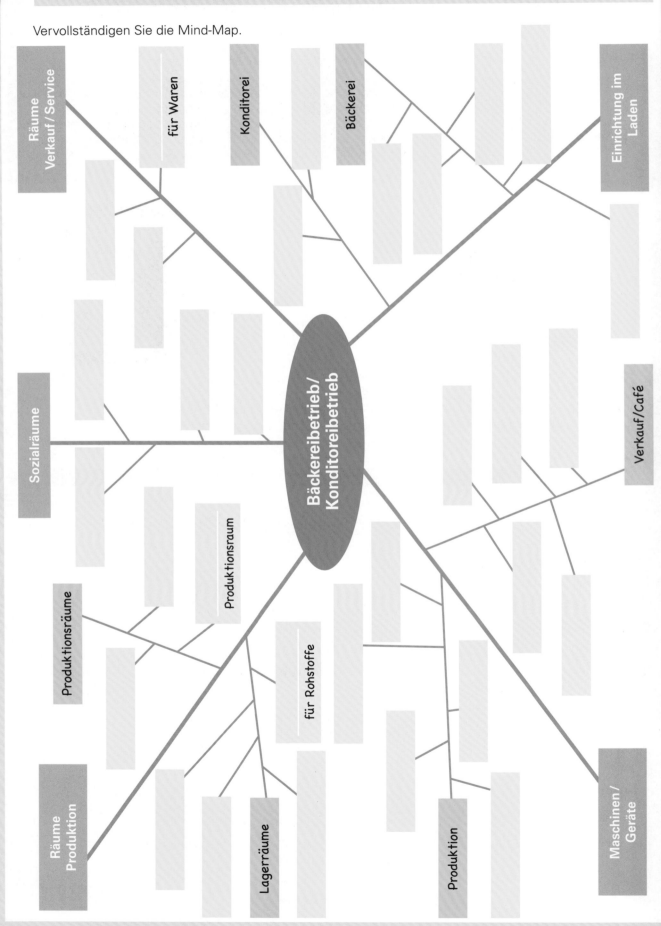

Räume Verkauf / Service

für Waren

Konditorei

Bäckerei

Einrichtung im Laden

Sozialräume

Verkauf/Café

Produktionsraum

Produktionsräume

Bäckereibetrieb/ Konditoreibetrieb

für Rohstoffe

Räume Produktion

Lagerräume

Produktion

Maschinen / Geräte

Sie sind für die Einarbeitung einer neuen Praktikantin zuständig und zeigen ihr deshalb die alltäglichen Arbeitsgeräte und Werkzeuge der Bäckerei/Konditorei.

1 Benennen Sie die abgebildeten Geräte und Werkzeuge.

① _____   ④ _____

② _____   ⑤ _____

③ _____

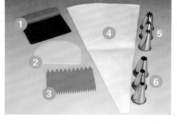

① _____   ④ _____

② _____   ⑤ _____

③ _____   ⑥ _____

① _____   ④ _____

② _____   ⑤ _____

③ _____   ⑥ _____

① _____   ④ _____

② _____   ⑤ _____

③ _____

① _____   ④ _____

② _____   ⑤ _____

③ _____   ⑥ _____

2 Berechnen Sie folgende Aufgaben auf einem Extrablatt und tragen Sie die Ergebnisse ein.

2.1 Eine Backstube ist 12,60 m lang und 9,30 m breit. In der Backstube steht ein Etagenofen, der 2,20 m lang und 190 cm tief ist. Der Gärraum daneben misst 1100 mm und 190 cm. Wie viel m² freier Platz bleibt in der Backstube noch übrig? _____

2.2 Ein zylinderförmiger Messerbehälter hat einen Durchmesser von 16 cm und ist 28 cm hoch. Er wird bis 4 cm unter dem Rand mit Wasser gefüllt. Wie viel l Wasser werden eingefüllt? _____

2.3 Ein Sahnebläser kostet 2 836,96 €. Bei einer Aktion wird dieser Sahnebläser für 2 482,34 € angeboten. Berechnen Sie die Preisersparnis in € und in %.   in €: _____   in %: _____

Name:	Klasse:	Datum:

Gepflegtes Erscheinungsbild

LF 1.1

Ein gepflegtes Team ist Voraussetzung für den Erfolg einer Bäckerei/Konditorei. Deswegen besprechen Sie gemeinsam im Betrieb, welche Faktoren jeder Beschäftigte beachten muss, um sich in einem hygienischen Erscheinungsbild zu präsentieren.

1 Beschreiben Sie, welche hygienischen Maßnahmen für jeden Beschäftigten in der Bäckerei/Konditorei selbstverständlich sein sollten.

Körperhygiene

2 Erklären Sie, wie sich Fachverkäuferinnen im Laden präsentieren:

Haare

Kleidung:

3 Nennen Sie die Grundregel der Berufskleidung für jeden Beschäftigten, die unbedingt eingehalten werden muss.

4 Beschreiben Sie die Hygienevorschriften für Beschäftigte in der Produktion in Bezug auf

Kleidung:

Kopfhygiene:

Schmuck an Händen und Armen:

5 Erklären Sie Kosmetika und Schmuck für Fachverkäuferinnen und Bedienungen während der Arbeit.

Schmuck:

Kosmetika:

6 Womit kann bei Fachverkäuferinnen und Bedienungen der persönliche Kundenkontakt gefördert werden?

handwerk-technik.de

Ein Kollege hatte auf dem Weg zur Arbeit einen schweren Verkehrsunfall. Er wird nach der Krankenhausbehandlung in einer Rehabilitationsklinik weiterbehandelt und muss danach noch längere Zeit zu Hause genesen. Es ist nicht ganz sicher, ob er seinen Beruf, in dem er lange stehen muss, wieder ausführen kann. Sie informieren ihn über die Leistungen, die ihm zustehen.

BGN Berufsgenossenschaft Nahrungsmittel und Gastgewerbe

LF 1.1

1 Beantworten Sie die folgenden Fragen:

Welche Versicherung ist für Unfälle zuständig?	Wie heißt der Versicherungsträger für das Lebensmittelgewerbe?	Wer bezahlt die Beiträge und ist für die Umsetzung der Unfallvorschriften verantwortlich?

2 Beschreiben Sie die drei Unfälle, die zu den Arbeitsunfällen zählen.

3 Zählen Sie die drei anerkannten Berufskrankheiten bei Bäckern und Konditoren auf.

4 An wen muss nach einem Arbeitsunfall eine Unfallanzeige geschickt werden und wer muss den Unfall anzeigen?

5 Beschreiben Sie, wann die Unfallanzeige eines Arbeitsunfalls eines Beschäftigten erfolgen muss.

Bei einer Arbeitsunfähigkeit von drei Tagen und mehr:

Bei tödlichen Arbeitsunfällen:

6 Tragen Sie in die Kästen die Leistungen der Berufsgenossenschaft an einen Verletzten ein.

 Medizinische Rehabilitation, z. B. Kosten für

Leistungen der Berufsgenossenschaft

 Teilhabe am Arbeitsleben, z. B.

 Pflegebedürftigkeit:

Geldleistungen:

Name:

Klasse:

Datum:

Unfallgefahren, Gefahrenquellen

Häufig passieren Unfälle jüngeren Mitarbeitern, manchmal aus Leichtsinn und teilweise weil sie die Gefahrenquellen im Betrieb nicht kennen. Sie sollen deshalb einen neuen Kollegen auf die Unfallgefahren hinweisen.

1 Weil manchmal die Gefahrenquellen nicht bekannt sind, passieren Unfälle. Beschreiben Sie, welche Verpflichtung deshalb der Betriebsinhaber bzw. ein Sicherheitsbeauftragter für die Beschäftigten hat.

2 Beschreiben Sie die häufigsten Gefahrenquellen, die zu folgenden Verletzungen führen:

Verletzungen durch Stürze	Schnittverletzungen	Verletzungen an Maschinen

GEFAHRENQUELLEN

Verbrennungen	Verätzungen

3 Beschreiben Sie, wie in folgenden Situationen zu handeln ist, um Arbeitsunfälle zu verhindern:

Situation	Verhalten
Maschinen reinigen	
brennendes Fett	Fett darf nie mit _____ gelöscht werden.
nasse und beschmutzte Fußböden	
Messer abtrocknen und aufräumen	
Waren aus dem Tiefkühlraum holen	
Teiglinge in Brezellauge tauchen	

4 So, wie in der Zeichnung soll es nicht sein.
Nennen Sie die Grundregel beim Arbeiten, damit Unfälle am Arbeitsplatz vermieden werden und Sie auf Dauer gesund und leistungsfähig bleiben.

Eine Mitarbeiterin stürzt und hat daraufhin starke, anhaltende Schmerzen im Handgelenk, das gleich stark anschwillt. Sie leisten sofort Erste Hilfe.

1 Wie viele namentlich bekannte Ersthelfer müssen im Betrieb sein?

bis 20 Beschäftigte:

mehr als 20 Beschäftigte:

2 Ordnen Sie zu, welche Verletzung mit welcher Methode versorgt wird. Beschriften Sie dafür die jeweils zusammengehörenden Aussagen mit demselben Buchstaben, z. B. A und A.

A	tiefe Schnittverletzungen und Platzwunden		Sofort in kaltes Wasser tauchen.
B	großflächige Brandwunden, größer als eine Handfläche		Mit Wasser ausspülen, von der Nase nach außen, und zum Augenarzt bringen.
C	Schwindelgefühl durch Kreislaufschwäche		Sofort kühlendes Material auflegen, z. B. Eiswürfel, Kühlbeutel.
D	Schwellungen, z. B. Quetschungen, Prellungen, Verstauchungen		Verbandpäckchen anlegen und sofort zum Arzt, falls die Wunde genäht werden muss.
E	Verbrennungen mit starker Rötung oder Blasenbildung.		Hinsetzen oder Hinlegen und auf ausreichende Sauerstoffzufuhr achten.
F	Verätzungen der Augen durch Spritzer von Natron- oder Brezellauge.		Wunde mit einem Brandtuch abdecken und sofort zum Arzt bringen.

3 Erklären Sie, wie blutende Verletzungen vom Ersthelfer wegen der Infektionsgefahr versorgt werden.

4 Beschreiben Sie die vier Grundsätze der Ersten Hilfe.

5 Nach einem Betriebsunfall rufen Sie per Telefon um Hilfe. Nennen Sie die wichtigen zwei Telefonnummern dafür und wer sich unter diesen Nummern meldet.

Rufnummern	Rettungsstelle

6 Ergänzen Sie die fünf wichtigen Angaben bei einem Notanruf, damit die Rettungsstelle Hilfe leisten kann.

Wo

Was

Wie viele

Welche

Warten

Name: Klasse: Datum:

LF 1.1

Eine Kollegin hat seit Längerem ständig starke Rückenschmerzen. Der Arzt gibt ihr den Rat, bei der Arbeit grundsätzlich auf eine rückenschonende Haltung zu achten. Sie geben ihr weitere Tipps für das ergonomische Arbeiten in der Bäckerei/Konditorei.

1 Erklären Sie den Begriff „Ergonomie". Ergonomie ist die Wissenschaft,

2 Beschreiben Sie die richtige Körperhaltung bei folgenden Tätigkeiten:

Richtige Körperhaltung bei stehenden Arbeiten:

Richtige Körperhaltung bei Reinigungsarbeiten:

Richtige Körperhaltung bei sitzenden Arbeiten:

Richtige Körperhaltung beim Hochheben und Absetzen von schweren Gegenständen:

Richtige Körperhaltung beim Tragen von schweren Gegenständen:

3 Ordnen Sie die folgenden körperlichen Auswirkungen den auslösenden Faktoren zu.

• Muskelverspannung • schmerzende Beine und Füße • Rückenschmerzen • Kopfschmerzen
• Ermüdungserscheinungen • Konzentrationsstörungen • Störung bei Bewegungen

Auslösende Faktoren	Körperliche Auswirkungen
schlechte Beleuchtung bei genau beobachtender Tätigkeit	
zu enge Arbeitskleidung und unbequeme Arbeitsschuhe	
ständig gebeugter Rücken bei sitzenden Tätigkeiten	
Arbeiten bei lang anhaltender gebückter Körperhaltung	

Ein Großteil Ihrer Kunden denkt umweltbewusst und kauft deshalb möglichst in umweltbewussten Betrieben ein. Daher ist es besonders werbewirksam, wenn Sie diesen Kunden das umweltorientierte Verhalten Ihrer Bäckerei/Konditorei erläutern.

1 Beschreiben Sie die vier bedeutenden Umweltbelastungen, die durch die Lebensweisen der Menschen verursacht werden. Umweltschutz heißt, diesen Belastungen entgegenzusteuern.

2 Bei der Abfalltrennung werden die verschiedenen Materialien getrennt sortiert. Tragen Sie ein, welcher Abfall in welche Tonne gehört.

1
2
3
4
5
6
7
8

3 Lösen Sie das Rätsel.

Die Umwelt schonen durch Einkauf von Lebensmitteln aus der

Ein lebensnotwendiges Gut, das nicht verunreinigt werden darf, ist das

Begriff für die Wiederverwertung der Abfälle

Die Wasserverschmutzung wird reduziert durch sparsam angewendetes

Begriff für die Abgabe von Schadstoffen an die Luft

Chemikalien und Säuren gehören in den

Türen von Kühlanlagen nur kurz öffnen, es spart

Name: Klasse: Datum:

Hygiene ist für jede Bäckerei/Konditorei das oberste Gebot. Damit alle Bereiche der Betriebsstätten gereinigt werden, erstellen Sie mit Ihren Kolleginnen und Kollegen einen Reinigungsplan.

1 Beschreiben Sie anhand der abgebildeten Betriebsstätte, was bei Betriebsräumen anders sein muss, damit die hygienischen Anforderungen erfüllt sind.

2 Vervollständigen Sie die fünf „W-Fragen" für die Erstellung eines Reinigungsplans.

_____ wird gereinigt?

_____ und wie oft wird gereinigt?

_____ wird gereinigt?

_____ wird gereinigt?

_____ ist für welche Reinigung zuständig?

3 Wie oft muss eine Hygieneschulung der Mitarbeiter im Betrieb durchgeführt werden? Kreuzen Sie die richtige Antwort an.

_____ mindestens einmal halbjährlich

_____ mindestens einmal jährlich

_____ alle 2 Jahre

4 Erstellen Sie einen Reinigungsplan für Ihre Bäckerei/Konditorei. Kreuzen Sie an, wie oft die Reinigung vorgenommen werden muss und tragen Sie namentlich ein, wer für die Reinigung zuständig ist.

Zu reinigen sind:	täglich	wöchentlich	Wer ist zuständig?
Knetkessel der Knetmaschine nach der letzten Teigherstellung mit klarem Wasser auswaschen			
Alle Maschinen abwaschen und abtrocknen			
Arbeitstische zum Arbeitsende nass abwaschen			
Fußböden zum Arbeitsende nass wischen			
Sahneautomat nach Arbeitsende reinigen und die Leitungen mit Desinfektionsmittel und zum Schluss mit klarem Wasser durchlaufen lassen			
Regale in den Produktionsräumen und Kühlräumen mit Reinigungsmittel nass abwischen			

5 Geben Sie Beispiele für Themen einer Hygieneschulung, die in jedem Betrieb für die Mitarbeiter Pflicht ist.

6 Erklären Sie, wie ein Betriebsinhaber die regelmäßig durchgeführten Mitarbeiter-Hygieneschulungen und die behandelten Themen nachweisen kann.

Sie bekommen in Ihrer Bäckerei/Konditorei die Aufgabe, eine gerade eintreffende Warenliefe-rung anzunehmen und die Lebensmittel korrekt zu lagern.

1 Erklären Sie den Begriff „Produkthygiene".
Die Produkthygiene ist die Hygiene an den ⬚⬚⬚⬚ und den daraus hergestellten ⬚⬚⬚⬚ .

2 Beschreiben Sie, was Sie bei der Warenüberprüfung bei der Warenannahme beachten müssen.

Lebensmittel, die nicht angenommen werden dürfen:

Kontrolle verpackter Lebensmittel:

Lieferung leicht verderblicher Lebensmittel:

3 Beschreiben Sie die Lagerung der leicht verderblichen Lebensmittel und Erzeugnisse in der Bäckerei/Konditorei.

4 Unterstreichen Sie die kühlpflichtigen Lebensmittel.

				Milch	Milchpulver
Eier	Vollkornmehl	Nüsse	Sahne	Ölsamen	Obst
Konserven	Kaffee	Käse	Joghurt	Schokolade	Butter

5 Beschreiben Sie die hygienischen Vorschriften beim Verkauf von Bäckerei-/Konditoreierzeugnissen.

Unverpackte Erzeugnisse:

Erzeugnisse zur Selbstbedie-nung:

6 Erklären Sie, was mit unverpackten Bäckerei-/Konditoreierzeugnissen, die von Kunden zurückgegeben wurden, geschieht.

7 Kreuzen Sie an, wo Lebensmittelabfälle und andere Abfälle nur gelagert werden dürfen.

☐ Lagerraum ☐ Produktionsraum ☐ Verpackungsraum ☐ Abfalllager ☐ alle Räume

Name:	Klasse:	Datum:

Ihr Chef und Ihre Chefin kümmern sich nicht nur um die Betriebshygiene, sie legen auch Wert darauf, dass die Beschäftigten selbst immer hygienisch auftreten. Deshalb sollen Sie einer neuen Mitarbeiterin erklären, was bei der persönlichen Hygiene beachtet werden muss.

1 Unterscheiden Sie die drei Bereiche, die die Personalhygiene umfasst.

Personal-hygiene

2 Tragen Sie die Buchstaben ein, die die links stehenden Sätze des Infektionsschutzgesetzes ergänzen.

A	Das Tätigkeitsverbot wird aufgehoben durch:	damit ansteckende Krankheiten nicht übertragen werden
B	Jede Person, die mit Lebensmitteln umgeht, benötigt bei Arbeitsantritt folgende Bescheinigung:	das Gesundheitsamt oder einen beauftragten Arzt
C	Der Zweck des Infektionsschutzgesetzes:	sofortiges Tätigkeitsverbot
D	Nach Mitteilung der Krankheit wird die Arbeit im Betrieb sofort untersagt vom:	Arbeitgeber
E	Die Unterrichtung über das Gesetz erfolgt durch:	Zeugnis des Gesundheitsamtes
F	Bei ansteckenden Krankheiten, z. B. Salmonellose, bei infizierten Wunden oder Hautkrankheiten besteht:	Belehrung über ansteckende Krankheiten und Tätigkeitsverbot

3 Finden Sie im Silbenrätsel Begriffe, die zur täglichen persönlichen Körperhygiene gehören.

DE – DU – FIN – FRI – GE – GEL – GER – HAA – HÄN – NÄ – NE – PFLE – PUT – RE – REN – SCHEN – SCHEN – SCHEN – SIE – WA – WA – ZÄH – ZEN

4 Beschreiben Sie anhand der Zeichnung, was beim Arbeiten in der Produktion beachtet werden muss, damit die Übertragung und Verbreitung von Keimen auf Lebensmittel verhindert werden.

-

-

5 Nennen Sie die Anforderungen an die Arbeitskleidung im Verkauf.

Nennen Sie Anforderungen an die Arbeitskleidung in der Produktion.

-

-

Was geschieht mit der Arbeitsschürze vor dem Toilettenbesuch?

6 Wie werden lange Haare gerichtet, damit sie beim Arbeiten hygienisch und nicht hinderlich sind?

Mikroorganismen

Als Sie vor Kurzem die Schlagsahne probierten, stellten Sie fest, dass sie einen Stich hatte. Sie befragten Ihren Chef, warum Lebensmittel verderben und wie der Verderb verhindert werden kann.

1 Nennen Sie in der ersten Zeile die drei Arten der Mikroorganismen. Geben Sie darunter in den ersten zwei Zeilen nützliche und in den nächsten zwei Zeilen schädliche Mikroorganismen an.

•	•	•
		•
•	•	•
•		

2 Durch Veränderungen der Temperatur kann man das Wachstum der Mikroorganismen steuern. Beschreiben Sie die Lebensweise der Mirkoorganismen bei den verschiedenen Temperaturen.

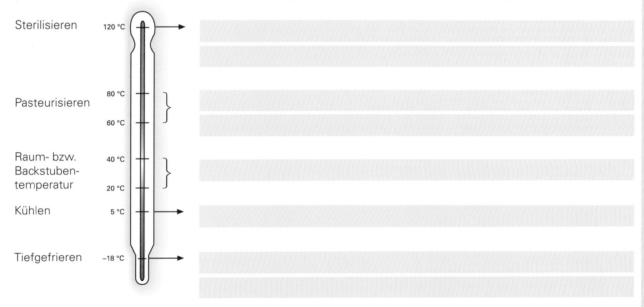

Sterilisieren — 120 °C

Pasteurisieren — 80 °C / 60 °C

Raum- bzw. Backstuben-temperatur — 40 °C / 20 °C

Kühlen — 5 °C

Tiefgefrieren — –18 °C

3 Ein Teil des Wassers der Bäckerei-/Konditoreierzeugnisse ist gebunden, z. B. durch Mehl, Zucker und Salz. Mit welchem Wert wird das ungebundene, „freie Wasser" angegeben?

4 Welche Auswirkungen haben die unterschiedlichen a_w-Werte?

a_w-Wert 1	a_w-Wert unter 0,6	a_w-Wert 0
Mikroorganismen benötigen _____ zum Leben. Je feuchter die Erzeugnisse sind, desto _____ ist der Verderb.	Dauerbackwaren, z. B. Mürbeteiggebäcke, Sandkuchen, Stollen, verderben nicht so schnell. Sie haben einen _____ a_w-Wert.	Nicht verderben können _____ Erzeugnisse, z. B. Nudeln, Semmelbrösel, Gewürze.

5 Ergänzen Sie folgenden Lückentext:

Die Stärke einer Säure oder Lauge in Flüssigkeiten wird mit dem _____ angegeben.

Der günstigste Bereich für das Wachstum der Mikroorganismen liegt bei einem pH-Wert von _____.

Mikroorganismen sind empfindlich gegenüber _____ und _____.

Je _____ in Lebensmittelerzeugnissen ist, desto geringer ist der Verderb.

Laugenhaltiges Wasser wird zum _____ verwendet.

Name: _____   Klasse: _____   Datum: _____

Schädliche Mikroorganismen

Zum Abschluss der Mitarbeiter-Hygieneschulung müssen Sie einen Test über Mikroorganismen bearbeiten, die in Bäckerei-/Konditoreierzeugnissen gefährlich werden können.

1 Geben Sie die zwei Hauptursachen an, warum Lebensmittel durch schädliche Mikroorganismen verderben.

-
-

2 Nennen Sie vier Lebensmittelbeispiele aus der Bäckerei/Konditorei, in denen sich Schimmelpilze besonders stark vermehren.

3 Beschreiben Sie anhand der Zeichnung, wie Lebensmittel durch Schimmelpilze infiziert werden.

4 Nehmen Sie Stellung zu folgenden Aussagen:

Aussage	richtig oder falsch	Begründung
„Bei verschimmeltem Weizenbrot schneiden wir den Schimmelrasen großzügig weg und verbrauchen das restliche Brot."		
„Bei verschimmelter Konfitüre schaben wir den Schimmelrasen weg und kochen sie auf, damit die Schimmelpilze sterben."		

5 Tragen Sie Beispiele für Salmonellenträger ein und benennen Sie den hauptsächlichen Nährstoff der Lebensmittel, den die Salmonellen bevorzugen.

Nährstoff:

6 Wie kann man salmonellenbehaftete Lebensmittel erkennen?

7 Nennen Sie vorbeugende Maßnahmen bei der Verwendung und dem Verzehr von Eiern.

- Für unerhitzte Erzeugnisse   Eier verwenden.
- Salmonellen sterben beim   und beim   der Lebensmittel.

Eine Reinigungskraft putzt regelmäßig die Böden und Wände der Betriebsräume. Sie sind für die Reinigung der Tische, Regale und Maschinen zuständig. Dies tun Sie sehr gewissenhaft, seitdem Sie wissen, dass sich bei Unsauberkeit schnell tierische Schädlinge verbreiten.

1 Tragen Sie die Namen der abgebildeten tierischen Schädlinge ein und beschreiben Sie diese.

Name:

Beschreibung:

Name:

Beschreibung:

Name:

Beschreibung:

Name:

Beschreibung:

Name:

Beschreibung:

Name:

Beschreibung:

2 Nennen Sie die Vorbeugemaßnahme gegen Mehlschädlinge.

3 Vervollständigen Sie die Tabelle.

Leben der Schaben und Silberfischchen	Bekämpfung der Schaben und Silberfischchen
•	
•	
•	

Name:	Klasse:	Datum:

LF 1.1

Zu Ihren Aufgaben im Bäckerei-/Konditoreibetrieb gehört auch das regelmäßige Saubermachen. Gemeinsam mit Ihren Kolleginnen und Kollegen müssen Sie die Betriebsräume, Einrichtungsgegenstände, Arbeitstische, Maschinen und Geräte wirkungsvoll reinigen.

1 Welche Aufgabe hat das Wasser beim Reinigen?

Zum Reinigen wird deshalb grundsätzlich _____ Wasser verwendet.

Allerdings bleibt beim Reinigen mit klarem Wasser ein _____ auf Tabletts, Schüsseln, Tischen, Maschinen usw.

2 Erläutern Sie mithilfe der Abbildungen, wie Reinigungsmittel bei der Zugabe in das Wasser wirken.

3 Wie werden nach dem Reinigen die Reinigungsmittelreste auf den Gegenständen entfernt?

4 Nennen Sie fünf spezielle Reinigungsmittel für bestimmte Zwecke.

5 Notieren Sie die mechanischen Hilfsmittel zum Entfernen von Schmutz.

6 Was hilft beim Reinigen in der Spülmaschine?

7 Was wird nach dem Reinigen mit Putztüchern, Schwämmen und Bürsten gemacht, damit sie beim erneuten Reinigen keine Keime verbreiten?

8 Ein Karton mit 12 1-l-Flaschen Spülmittel kostet 13,80 €. Ein 5-l-Kanister desselben Spülmittels wird für 5,15 € angeboten.

a) Vergleichen Sie die Preise für je 1 l des Spülmittels.   Flasche: _____   Kanister: _____

b) Berechnen Sie, um wie viel Prozent das preisgünstigere Spülmittel billiger ist.

9 Ein Betrieb kauft Reinigungsmittel für 374,40 €. Bei sparsamer Dosierung der Reinigungsmittel werden 46,80 € eingespart. Wie viel Prozent konnten eingespart werden?

Kohlenhydrate: Aufbau, Einteilung

Ihre Kollegin weiß, dass Zucker in Europa aus den Zuckerrüben gewonnen wird. Sie möchte jedoch von Ihnen wissen, wie der Zucker überhaupt in die Pflanze gelangt und ob zum Beispiel der Zucker in süßem Obst der gleiche Zucker wie der im Honig ist.

LF 1.2

1 Ergänzen Sie mithilfe folgender Wörter den Vorgang beim Aufbau des Zuckers.

> • Chlorophyll (Blattgrün) • Sauerstoff • Wasser • Fotosynthese • Traubenzucker • Pflanzen
> • Sonnenenergie • Kohlenstoffdioxid

Die **Pflanzen** nehmen in den Blättern aus dem Boden **Wasser** und aus der Luft **Kohlenstoffdioxid** auf. Aus diesen zwei Stoffen baut das **Chlorophyll (Blattgrün)** in den Blättern mithilfe von **Sonnenenergie** den **Traubenzucker** auf. Bei diesem Vorgang des Zuckeraufbaus gibt die Pflanze **Sauerstoff** in die Luft ab. Der Vorgang des Zuckeraufbaus in den Pflanzen wird **Fotosynthese** genannt.

2 Welche drei Begriffe gehören jeweils zusammen? Unterstreichen Sie diese mit unterschiedlichen Farben.

Monosaccharide   Doppelzucker

Disaccharide   Polysaccharide

Vielfachzucker   Einfachzucker

kleinster Baustein der   viele Traubenzucker

Kohlenhydrate   zwei Zuckerbausteine

3 Tragen Sie die Kohlenhydratgruppen und die deutschen Bezeichnungen für die Kohlenhydratarten ein, und geben Sie Beispiele für Lebensmittel, in denen die Kohlenhydratarten vorkommen.

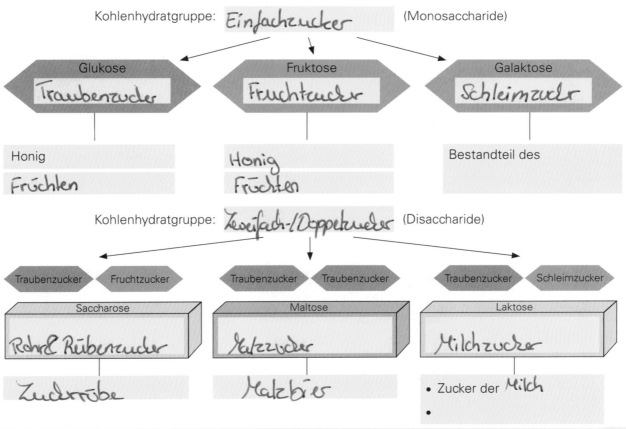

Kohlenhydratgruppe: **Einfachzucker** (Monosaccharide)

Glukose	Fruktose	Galaktose
Traubenzucker	**Fruchtzucker**	**Schleimzucker**

Honig	Honig	Bestandteil des
Früchten	**Früchten**	

Kohlenhydratgruppe: **Zweifach-/Doppelzucker** (Disaccharide)

Traubenzucker Fruchtzucker	Traubenzucker Traubenzucker	Traubenzucker Schleimzucker
Saccharose	Maltose	Laktose
Rohr& Rübenzucker	**Malzzucker**	**Milchzucker**
Zuckerrübe	**Malzbier**	• Zucker der **Milch** •

Name:	Klasse:	Datum:

Sie erläutern einer Kundin, warum viele Obstsorten süß schmecken, obwohl sie weniger Kohlenhydrate als Brote enthalten.

1 Tragen Sie die deutsche Bezeichnung für die Kohlenhydratgruppe ein und benennen Sie die drei Kohlenhydratarten, die aus vielen Traubenzuckern bestehen. Nennen Sie jeweils Lebensmittelbeispiele.

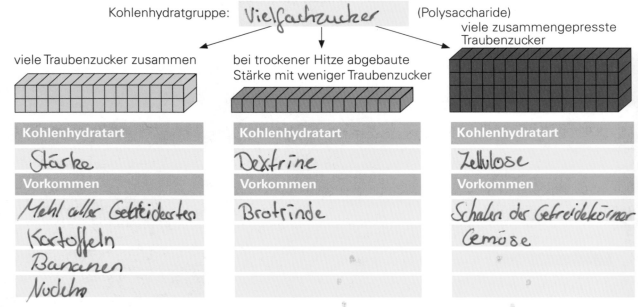

Kohlenhydratgruppe: **Vielfachzucker** (Polysaccharide)

viele Traubenzucker zusammen | bei trockener Hitze abgebaute Stärke mit weniger Traubenzucker | viele zusammengepresste Traubenzucker

Kohlenhydratart	Kohlenhydratart	Kohlenhydratart
Stärke	Dextrine	Zellulose
Vorkommen	**Vorkommen**	**Vorkommen**
Mehl aller Getreidearten Kartoffeln Bananen Nudeln	Brotrinde	Schalen der Getreidekörner Gemüse

2 Ergänzen Sie zur jeweiligen Süßkraft die entsprechende Kohlenhydratart, davon ausgehend, dass der süßeste Zucker eine Süßkraft von 100 % besitzt.

Süßkraft		Kohlenhydratart
100 %		Fruchtzucker
ca. 80 %		Rüben- bzw. Rohrzucker
ca. 50 %		Traubenzucker
ca. 40 %		Malzzucker
ca. 25 %		Milch- und Schleimzucker

3 Welche Kohlenhydratarten schmecken nicht süß?

4 Tragen Sie die Kohlenhydratarten ein, die in den Lebensmittelbeispielen enthalten sind und geben Sie den Geschmack dieser Lebensmittel mit folgenden Geschmacksangaben an: süß – kaum süß – nicht süß.

Lebensmittel	Kohlenhydratarten	Geschmack der Lebensmittel
Obst, z. B. Birnen, Weintrauben, Kirschen, Mandarinen, sowie Fruchtsaft	Trauben- und Fruchtzucker	süß
Milch, Sahne, Joghurt, Käse	Milchzucker	kaum süß
Malz im Bier	Malzzucker	leicht süß
Brot, Nudeln, Kartoffeln	Stärke	nicht süß
Vollkornbrote, Vollkornerzeugnisse	Zellulose (Ballaststoffe)	nicht süß
Kuchen, Marzipan, Speiseeis, Konfitüren	Rohr- und Rübenzucker	süß

handwerk-technik.de

Ihr Chef bittet Sie, verschiedene Fette aus der Kühlung zu holen: zum Auffüllen des Fettback-geräts, für die Herstellung von Mürbeteig und zum Anrichten von Salaten. Bei der Auswahl be-rücksichtigen Sie die Zusammensetzung und die Eigenschaften der verschiedenen Fette.

LF 1.2

1 Beschriften Sie die vier Bestandteile eines Fettmoleküls.

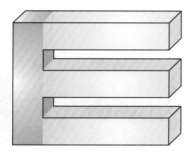

2 Tragen Sie ein, ob es sich bei den Fettsäuren um eine „gesättigte" oder „ungesättigte" Fettsäure handelt und ob die Fette, die diese Fett-säuren enthalten, „feste Fette" oder „weiche Fette und Öle" sind.

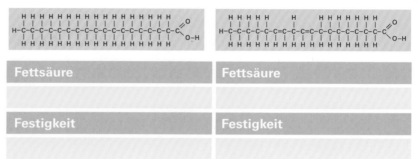

Fettsäure	Fettsäure

Festigkeit	Festigkeit

3 Unterscheiden Sie fetthaltige Lebensmittel, die in der Bäckerei/Konditorei verwendet werden.

Pflanzliche Lebensmittel	Tierische Lebensmittel

4 Erläutern Sie die Eigenschaften der Fette im Wasser.

Gewicht:

Löslichkeit:

Mischen von Fett und Wasser:

5 Beschreiben Sie das Verhalten von Fett und Wasser anhand der Zeichnungen.

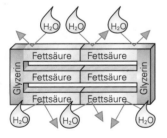

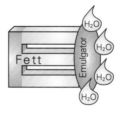

6 Wie wird eine dauerhafte Mischung von Fett und Wasser bezeichnet?

Wie heißt der wichtigste Emulgator?

In welchen Lebensmitteln befindet er sich?

7 Begründen Sie folgende Aussage: Fett verbessert den Geschmack der Lebensmittel.

Name:　　　　　　　　　　Klasse:　　　　　Datum:

Während einer Aktionswoche backen Sie zusammen mit einer Aushilfe frische Berliner im Verkaufsraum. Sie erläutern ihr, warum Sie das Siedefett regelmäßig wechseln müssen und warum Sie das neue Siedefett immer aus der Kühlung entnehmen müssen, statt es bereits morgens im Verkaufsraum zu lagern.

LF 1.2

1 Beschreiben Sie den Schmelzbereich der Fette.

2 Nennen Sie die Erkennungsmerkmale von verdorbenem Siedefett, das den Rauchpunkt erreicht hat.

3 Wie verändern sich die Fettmoleküle beim Verderb?

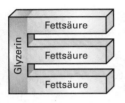
genusstaugliches Fett

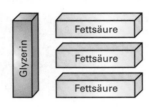
ranziges, verdorbenes Fett

Die freien Fettsäuren riechen

und sind   .

4 Sortieren Sie folgende Begriffe, die den Fettverderb beeinflussen, in die Tabelle ein:

• Wärme • Mikroorganismen • Enzyme • Feuchtigkeit • Licht • Sauerstoff

Fette werden bei der Lagerung zersetzt durch:	Der Fettverderb wird bei der Lagerung beschleunigt durch die Einwirkung von:

5 Wie werden Fette gelagert, damit sie nicht so schnell verderben?

6 Lösen Sie das Rätsel zum Thema Fette (Ä, Ö, Ü = 1 Kästchen).

1. Pflanzliche Samen mit hohem Ölgehalt
2. Träger eines Fettmoleküls (Fettbaustein)
3. Geruch von verdorbenem Fett
4. Gut verdauliche Fette
5. Sie hängen im Fett am Glyzerin
6. Zersetzungspunkt beim Erhitzen der Fette
7. Mischung von Fett und Wasser
8. Geeignetes Siedefett zum Backen

Das Lösungswort ergibt einen Emulgator.

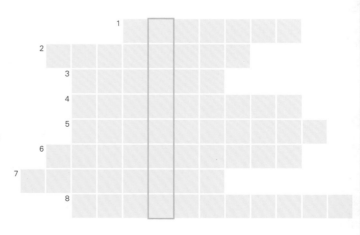

Eiweiß I

Sie erklären einem Kunden, warum Brötchen, Weizenbrote und Hefeteiggebäcke aufgrund der Eiweiße des Weizenmehls besonders lockere Gebäcke sind.

1 Tragen Sie die Namen der Elemente ein, aus denen sich Eiweiß zusammensetzt und nennen Sie den kleinsten Eiweißbaustein.

C

kleinster
Eiweißbaustein

H

O

N

S

2 Eiweiß ist eine Verbindung von mindestens

.

Eine weitere Bezeichnung für Eiweiß ist

.

3 Beschreiben Sie die Veränderungen der Eiweiße des Weizenmehls beim Kneten der Weizenteige.

Eiweiße des Weizenmehls   Zugabe bei der Teigbereitung

und   mit

verbinden sich durch

und bilden dabei den

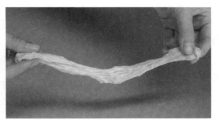

4 Erläutern Sie die vorteilhaften Auswirkungen der Eigenschaften des Klebers auf den Weizenteig.

Der Kleber ist **quellfähig.**	Der Kleber ist **elastisch.**	Der Kleber ist **dehnbar.**
Deshalb bindet der Kleber	Deshalb kann der Weizenteig	Deshalb hält er beim Gären
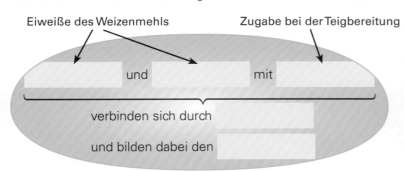		

5 Warum besitzen Roggenteige keinen Kleber?
Roggenteige beinhalten schleimige Vielfachzucker, die   . Diese setzen sich

zwischen   und   und verhindern eine   .

6 Wie verändern sich die Eiweiße in Lebensmitteln bei 60 bis 70 °C, z. B. in Eiern?

7 Wie verändern sich die Eiweiße auf Lebensmitteln, wenn sie über 100 °C erhitzt werden, z. B. auf der Gebäckkruste und auf der Fleischoberfläche?

Farbe:

Geschmack:

Name: Klasse: Datum:

Eine gesundheitsbewusste Kundin fragt nach Bäckerei- und Konditoreierzeugnissen, die biologisch hochwertiges Eiweiß besitzen. Sie beraten sie entsprechend.

1 Erläutern Sie, warum mit Milchsäurebakterien angereicherte Milch ausflockt, d. h. fest wird, z. B. Joghurt.

2 Erklären Sie, was beim Aufschlagen von Eischnee und Schlagsahne geschieht, und beschreiben Sie, wie sich dies auf die Beschaffenheit des Eischnees und der Schlagsahne auswirkt.

Aufschlagen	Auswirkung	Beschaffenheit
Eiklar wird mit einem Rührbesen bei hoher Geschwindigkeit zu Eischnee aufgeschlagen. Im Sahnebläser wird in die Schlagsahne Luft eingeblasen.		

3 Vervollständigen Sie die Tabelle.

Name des abgebildeten Bindemittels	Name des Eiweißes, aus dem es besteht	Gewinnung des Eiweißes	Verwendung in der Bäckerei / Konditorei

4 Notieren Sie, welche der folgenden Lebensmitteln eiweißreich sind.

Brot – Obst – Butter – Honig – Eier – Sonnenblumenkerne – Milch – Trockenfrüchte – Käse – Gemüse – Fleisch – Gewürze – Mohn – Fisch – Margarine – Geflügel – Salate – Nüsse

5 Beantworten Sie die folgenden Fragen:
Wie werden die acht Aminosäuren genannt, die der Körper nicht selbst aufbauen kann?

Was ist die „biologische Wertigkeit" von Eiweiß?

Wie müssen diese acht Aminosäuren dem Körper zugeführt werden?

Wie wirkt sich das Fehlen einer oder mehrerer essenzieller Aminosäuren auf die biologische Wertigkeit aus?

Welche Aufgabe erfüllt Körpereiweiß im Körper?

Wie wird Eiweiß in Lebensmitteln bezeichnet, das wie das Körpereiweiß alle Aminosäuren enthält?

Wie können fehlende essenzielle Aminosäuren eines Lebensmittels im Körper zu biologisch vollwertigem Eiweiß ergänzt werden?

Eine Stammkundin klagt, dass sie unreine Haut bekommen hat. Außerdem fühlt sie sich schon längere Zeit antriebslos und müde. Sie geben ihr den Rat, vor allem vitaminreiche Lebensmittel zu essen. In dem Gespräch erläutern Sie auch die Aufgaben der einzelnen Vitamine im Körper.

1 Nennen Sie besonders vitaminreiche Lebensmittelgruppen.

2 Vitamine wirken nur in gelöster Form im Körper und werden deshalb nach ihrer Löslichkeit eingeteilt.

Einige Vitamine lösen sich im _____ .

Die fettlöslichen Vitamine sind _____ .

Einige Vitamine lösen sich im _____ .

Die wasserlöslichen Vitamine sind _____ .

Wie werden die Vitamine dem Körper zugeführt? _____

3 Nennen Sie die Vitamine (nur den Buchstaben) und deren Aufgaben im Körper.

Stärkung der _____

Stärkung des _____

Stärkung der _____
_____

Stärkung der _____

Stärkung der _____

Stärkung der _____
gegen Krankheiten

Reinhaltung und Erneuerung
der _____

Stärkung der _____

4 Welche Anzeichen weisen auf einen Vitaminmangel hin?

5 Notieren Sie die Einflüsse, die Vitamine in Lebensmitteln zerstören.

Name: _____ | Klasse: _____ | Datum: _____

Mineralstoffe

Sie erklären einer Kundin, dass Vollkornbrot wegen der vielen Vitamine und Mineralstoffe einen großen Gesundheitswert hat. Die Kundin kennt zwar Vitamine und ihre Bedeutung, aber über Mineralstoffe und ihre Aufgaben im Körper möchte sie von Ihnen mehr wissen.

LF 1.2

1 Finden Sie mithilfe des Silbenrätsels mineralstoffreiche Lebensmittel, die bei der Ernährung nicht fehlen sollen.

ER – ER – FI – FLEISCH – GE – KORN – MILCH – MILCH –
MI – MÜ – NE – NIS – NIS – OBST – RAL – SCHE – SE –
SE – SE – SER – VOLL – WAS – ZEUG –ZEUG

- _____   - _____   - _____
- _____   - _____   - _____
- _____   - _____

2 Nennen Sie die Mineralstoffe, die für den Aufbau der entsprechenden Körperteile in der Zeichnung im Körper wichtig sind.

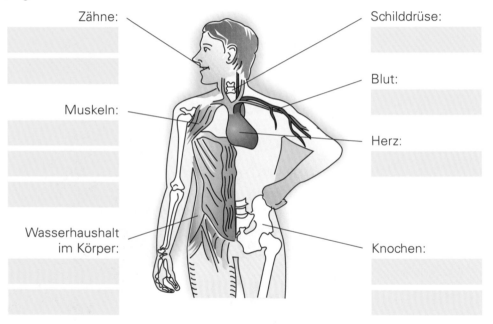

Zähne:

Muskeln:

Wasserhaushalt im Körper:

Schilddrüse:

Blut:

Herz:

Knochen:

3 Warum hat der Körper bei schwerer Arbeit und Sport einen erhöhten Bedarf an Mineralstoffen?

4 Tragen Sie die Mangelerscheinungen ein, wenn dem Körper zu wenige der folgenden Mineralstoffe zugeführt werden (Ä, Ö und Ü = 1 Kästchen).

1. Eisen
2. Jod
3. Natrium
4. Kalzium
5. Fluor
6. Magnesium

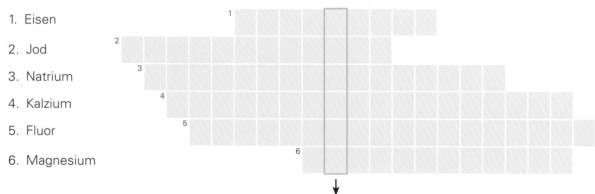

…der Zellen im Körper durch Mineralstoffe.

Wasser

Ihnen ist aufgefallen, dass eine Kollegin, die häufig über Kopfschmerzen klagt, tagsüber kaum etwas trinkt. Sie erklären ihr, warum täglich ausreichendes Trinken wichtig ist. Außerdem erläutern Sie einer Praktikantin, warum die Maschinen, in denen Wasser erhitzt wird, regelmäßig entkalkt werden müssen.

1 Nennen Sie die chemische Formel sowie die Bestandteile und Härtebereiche des Wassers.

Chemische Formel:

Feste Stoffe im Wasser, die aus den Erdschichten gelöst werden:

Ein Wassermolekül besteht aus:

Nach dem Anteil der Mineralstoffe wird Wasser in vier Härtebereiche eingeteilt:

1 =   2 =

3 =   4 =

2 Tragen Sie in die Zeichnung die Begriffe und Temperaturen der Aggregatzustände des Wassers ein.

°C

Aggregatzustand:

Bezeichnung:

Aggregatzustand:

Bezeichnung:

°C

Aggregatzustand:

Bezeichnung:

beim Abkühlen

3 Ergänzen Sie die Sätze:

Der Körper besteht zu ca. _____ aus Wasser. Sinkt der Wasserspiegel, verspürt man _____.

Tägliche Wasseraufnahme:

Mindestens _____ durch _____ und ca. _____ durch feste _____.

4 Beschreiben Sie die Aufgaben des Wassers im Körper.

Baustoff

Lösungsmittel

Transportmittel

Entgiftungsmittel

Wärmeregulation

Name: Klasse: Datum:

Ballaststoffe, Farbstoffe und Aromastoffe

Eine Kundin fragt Sie nach dem Gesundheitswert von Vollkornbroten und warum in Diätplänen meistens Vollkornerzeugnisse empfohlen werden. Sie kauft ein Vollkornbrot und bestellt sich anschließend im Café noch einen Salatteller. Sie richten den Salat farblich abwechslungsreich an und reichen als Beilage ein frisches, aromatisches Baguette, denn Farb- und Aromastoffe sind wichtige Bestandteile der Ernährung.

LF 1.2

1 Nennen Sie drei Lebensmittelgruppen, die besonders ballaststoffreich sind.

2 Welche Getreidebestandteile bestehen aus Ballaststoffen?

3 Beschreiben Sie die Eigenschaften der Ballaststoffe und deren Wirkung bei der Ernährung.

Eigenschaft	Wirkung
Ballaststoffe quellen im Wasser des Magens auf und füllen ihn.	
Die aufgequollenen Ballaststoffe reizen die Dickdarmmuskulatur.	

4 Erklären Sie, warum Vollkornbrote und Vollkornbrötchen länger frisch bleiben als andere Backwaren.

In Vollkornteige wird viel mehr _____ geschüttet als in andere Teige. Bei der Teigbereitung

_____ die ballaststoffreichen Schalen der Getreidekörner und

_____ , das in Vollkornbroten und Vollkornbrötchen _____ bleibt.

5 Nennen Sie die zwei Gruppen der Aromastoffe der Lebensmittel.

Aromastoffe

6 Tragen Sie die Geruchs- und Geschmacksstoffe folgender Lebensmittelbeispiele ein.

aromatischer Geschmack von Kaffee, Tee, Gewürzen durch	bitterer Geschmack von Kakao, Grapefruit, Hopfen durch	herb-bitterer Geschmack von Kaffee, Tee, Kakao, Rotwein durch	saurer Geschmack von Zitronen, Essig, Äpfeln, Joghurt durch

7 Ergänzen Sie die Sätze.

Aromatische Backwaren haben vor allem einen _____ Geschmack. Mild-aromatische

Backwaren haben einen _____ Geschmack. Bäckerei- und Konditoreierzeug-

nisse mit natürlichen Farben und aromatischem Geschmack regen die Produktion der Verdauungssäfte an

und fördern daher den _____ und die _____ .

*Zusammen mit einer neuen Kollegin dekorieren Sie das Schaufenster passend zum Erntedank-
fest mit Getreide. Sie zeigen ihr dabei die verschiedenen Getreidesorten und erläutern ihr die
Inhaltsstoffe der Getreidekörner.*

1 Beschriften Sie die Brotgetreidearten.

2 Warum werden diese Getreidearten als
Brotgetreide bezeichnet?

Nur aus den Mehlen dieser Getreidearten

können _____ Backwaren mit

großem _____ hergestellt werden.

_____ ist eine Weizenart.

3 Benennen Sie die „anderen Getreidearten".

4 Die Mehle der „anderen Getreidearten" sind nicht backfähig. Nennen Sie den Grund dafür.

Die Teige und Massen daraus können die _____ nicht festhalten,

sodass daraus _____ entstehen.

5 Vervollständigen Sie die Tabelle.

Querschnitt eines Getreidekorns	Bestandteile eines Getreidekorns	Nährstoffe, aus denen die Bestandteile bestehen
	Schalenteile (Kleie), ca. 15 %: • _____ • _____ • _____	• _____ • _____ • _____ • _____
	Hauptbestandteil im Inneren der Getreidekörner, ca. 82 %: • _____	• ca. 70 % _____ • ca. 13 %
	Daraus entsteht neues Getreide, ca. 3 %: • _____	• ungesättigte _____ • _____ • _____ • _____

6 Beschreiben Sie, wie die Schalenteile das Aussehen der Mehle verändern.

Je mehr Schalenteile im Mehl vorhanden sind, desto _____ ist das Mehl.

Dunkle Mehle sind deshalb _____ Mehle mit vielen _____ .

Name:	Klasse:	Datum:

LF 1.2

Ein Kunde möchte den Unterschied zwischen Vollkornbrot und Schrotbrot wissen. Sie erklären ihm, aus welchen Mahlerzeugnissen diese Brote hergestellt werden.

1 Beim Vermahlen des Getreides werden die Getreidekörner [   ]. Nennen Sie die Feinheitsgrade der Mahlerzeugnisse.

[   ] enthält sehr feine Schalenteile.

[   ] ist Mehl mit griffigen, kleinkörnigen Schalenteilen.

[   ] ist Mehl mit grobkörnigen Schalenteilen.

2 Beschreiben Sie Vollkornschrot sowie Backschrot und nennen Sie Beispiele für Backwaren.

Vollkornschrot	Backschrot
Vollkornschrot und Vollkorn-mehl sind _____ _____	Backschrot sind _____ _____ _____
Backwaren:	Backwaren:

3 Vervollständigen Sie die Schritte beim Vermahlen von Getreide zu Mehl.

Getreide wird vermahlen

- Bestandteile der Getreidekörner, die ganz abgetrennt werden: [   ]

- Bestandteile der Getreidekörner, die je nach Mehlsorte in unterschiedlicher Menge entfernt werden: [   ]

- Endprodukt ist das [   ].

4 Erklären Sie, was der Ausmahlungsgrad bei der Vermahlung aussagt.

Der Ausmahlungsgrad gibt die [   ] an,

die man aus [   ] bei der Vermahlung erhält.

5 Bei der Vermahlung von 100 kg Getreide werden z. B. 65 kg Mehl erzielt. Tragen Sie in die Mitte der Zeichnung den Ausmahlungsgrad und außen den prozentualen Anteil von Keimlingen und den Schalenteilen ein.

Keimling und Schalenteile

Die Bedeutung der Bezeichnung des Ausmahlungsgrads:

0 = vom [   ] bis 65 % nach außen zu den [   ]

Mehl

6 Ordnen Sie mit Pfeilen den Ausmahlungsgrad den Mehlen zu.

hoher Aus-mahlungsgrad	helle Mehle
	Mehle mit hohem Schalenanteil
niedriger Aus-mahlungsgrad	
Mehle mit hohem Anteil an Ballaststoffen, Mineralstoffen und Vitaminen	

Ein Praktikant bemerkt die unterschiedlichen Zahlen der Mehltypen auf den Mehlsäcken und am Mehlsilo und möchte von Ihnen wissen, was die Mehltypen bedeuten.

1 Beschreiben Sie, wie der Schalenanteil in den Mehlen festgestellt wird.

Die Mineralstoffe im Getreidekorn befinden sich

hauptsächlich in den _____ .

Der Schalenanteil im Mehl wird durch

_____ des Mehls festgestellt.

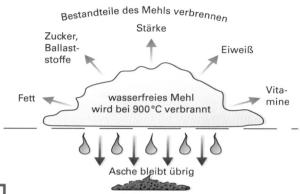

Die unverbrennbaren Bestandteile (Asche) sind

_____

2 Ergänzen Sie die Erklärung der Mehltype.

> Die Mehltype gibt an,
>
> _____
>
> _____

Es gibt helle und dunkle Mehle. Je niedriger die Mehltype, desto _____ ist das Mehl.

Je höher die Mehltype, desto _____ ist das Mehl, weil mehr _____ im Mehl enthalten sind.

3 Tragen Sie die Weizenmehltypen ein und für welche Backwaren und Teige sie verwendet werden.

Weizenmehl-typen	Farbe der Weizenmehle	Ausmah-lungsgrad	Backwaren sowie Teige und Massen, für die sie verwendet werden.
Type _____	hellstes WM	0–40 %	
Type _____	helles WM	0–65 %	
Type _____	leicht dunkles WM	0–75 %	•
Type _____	dunkles WM	0–80 %	•
Type _____	dunkelstes WM	0–90 %	•
Type _____	Weizenbackschrot	0–94%	

4 Geben Sie die Roggenmehltypen und Roggenbackschrottype an. Beginnen Sie mit dem hellsten Mehl.

Type _____ Type _____ Type _____ Type _____ Type _____ Type _____
Roggenbackschrot

5 Welche Mahlerzeugnisse haben keine Typenbezeichnung, weil ihr Ausmahlungsgrad 0–100 % beträgt?

_____

Begründung _____

Name: _____ Klasse: _____ Datum: _____

LF 1.2

Mehl ist der wichtigste Rohstoff in der Bäckerei/Konditorei. Deshalb sollen Sie die Inhaltsstoffe der Mehle kennen und die Mehle unter optimalen Bedingungen lagern.

1 Beschreiben Sie, wo sich die Hauptanteile der Stärke und des Klebereiweißes im Weizenkorn befinden.

Stärke

Klebereiweiß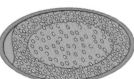

im Mehlinneren:

im Mehl zum Rand:

Weizenmehl mit dem höchsten Stärkeanteil,

Ausmahlungsgrad 0–40 %: Mehltype

im Mehlinneren:

im Mehl zum Rand:

Weizenmehl mit dem höchsten Klebereiweißgehalt,

Ausmahlungsgrad 0–65 %: Mehltype

2 Warum werden für Backwaren, z. B. für Hefeteiggebäcke, Brötchen und Weizenbrote, Weizenmehle der Type 405 und 550 verwendet?

3 Tragen Sie die Inhaltsstoffe des Mehls entsprechend ihren prozentualen Anteilen ein, z. B. Mehltype 550.

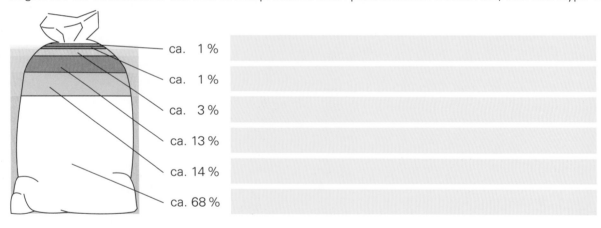

ca. 1 %

ca. 1 %

ca. 3 %

ca. 13 %

ca. 14 %

ca. 68 %

4 Mehle sind bei richtiger Lagerung bis zu drei Monate lagerfähig. Nennen Sie die Lagerbedingungen.

Lagerbedingungen	Begründung
	Die Tätigkeit der Enzyme ist gering.
	Mehl nimmt Luftfeuchtigkeit auf.
	In abgestandener Luft verändert sich Mehl vor allem geschmacklich nachteilig.
	Mehl nimmt andere Gerüche auf.

5 Warum müssen Vollkornschrot und Vollkornmehl möglichst frisch nach der Vermahlung verarbeitet werden?

„Warum wird für Hefeteige Milch statt Wasser verwendet?", fragt Sie eine neue Kollegin. Daraufhin erklären Sie ihr die Bestandteile der Milch und deren Wirkung auf die Gebäcke.

1 Nach dem Milchgesetz versteht man unter der Bezeichnung „Milch" nur

_____ .

Es handelt sich dabei um Vollmilch mit einem Mindestfettgehalt

von _____ .

2 Tragen Sie die Bestandteile der Milch bei den entsprechenden Prozentanteilen ein.

87 %

5 %

3,5 %

3,5 %

1 %

leicht süß schmeckend

leicht verdaulich

biologisch hochwertig

hauptsächlich Kalzium

alle Arten

3 Beschreiben Sie, wie die Bestandteile der Milch die Milchgebäcke beeinflussen.

Einfluss der Milchbestandteile	Wirkung auf die Milchgebäcke
Milchfett macht den Kleber elastischer und dehnbarer. Das Lezithin hat eine emulgierende Wirkung im Teig.	• _____ Volumen • _____ Krume • _____ Kruste
Milchzucker, Milchfett und Milcheiweiß beeinflussen den Geschmack der Gebäcke.	
Milchzucker kann von der Hefe nicht vergoren werden und bräunt deswegen beim Backen.	
Weil Milcheiweiß im Teig quillt und Wasser bindet sowie das Lezithin Fett und Wasser im Teig emulgiert, wird das Wasser in den Gebäcken besser gebunden.	

4 Erläutern Sie das Homogenisieren der Milch und Sahne in der Molkerei.

Das Fett der Milch bzw. der Sahne wird ganz _____ . Das Milchfett ist somit in der

Milch bzw. Sahne gleichmäßig _____ und kann nicht mehr _____ (aufrahmen).

5 Vervollständigen Sie die Tabelle zur Haltbarmachung verschlossener Milch in der Molkerei.

Erhitzung und Bezeichnung des Verfahrens	72 bis 75 °C	135 bis 150 °C	110 bis 120 °C
Bezeichnung der Milch			
Haltbarkeitsdauer bei ungeöffneter Verpackung			

Name: _____   Klasse: _____   Datum: _____

Milcherzeugnisse, Käse

Im Rahmen einer Aktionswoche „Fit und gesund" haben Sie die Aufgabe, Informationen über den Gesundheitswert von Milch, Milcherzeugnissen und Käse zusammenzustellen.

LF 1.2

1 Nennen Sie die Bezeichnungen der unterschiedlichen Milchsorten mit den angegebenen Fettgehalten.

mindestens 3,5 % Fett   mindestens 1,5 und höchstens 1,8 % Fett   höchstens 0,5 % Fett

2 Wie wird Milchpulver hergestellt?

3 Vervollständigen Sie die Gleichung.

ca. 900 g _____ + ca. 140 g _____ ergibt ca. 1 l Vollmilch

4 Ergänzen Sie den Text über Joghurt und Buttermilch.

Joghurt ist _____ , die mit _____ gesäuert wird.

Buttermilch ist Milch ohne _____ (höchstens 1 %), die leicht _____ wird und deshalb erfrischend ist.

5 Wofür wird Kondensmilch hauptsächlich verwendet?

Beschreiben Sie, wie sterilisierte und homogenisierte Milch „kondensiert" wird.

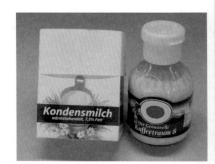

6 Erklären Sie, woraus Sahne besteht.

Sahne, auch Rahm genannt, ist

7 Wie werden die Sahneerzeugnisse mit dem entsprechenden Mindestfettgehalt genannt?

Süße Sahne	Gesäuerte Sahne
• mindestens 10 % Fett:	• mindestens 10 % Fett:
• mindestens 30 % Fett:	• mindestens 20 % Fett:
	• mindestens 30 % Fett:

8 Tragen Sie die Käsesorten ein, die für die entsprechenden Erzeugnisse in der Bäckerei/Konditorei verwendet werden.

Füllung für Plunder- und Blätterteiggebäcke, Käsesahne, Käsetorte (Käsekuchen):

Käsebrötchen, Laugen-Käsestangen, Käsestangen aus Blätterteig, Pizzas, Zwiebelkuchen, Quiches, Gratins, Snacks, Salate:

Butter, Butterschmalz

Eine Kundin fragt Sie, ob im Buttergebäck wirklich keine Margarine enthalten sei. Sie geben ihr Auskunft über die Besonderheiten von Butter in Bäckerei-/Konditoreierzeugnissen.

1 Beschreiben Sie, woraus Butter besteht und wie sie hergestellt wird. Butter wird

aus dem _____ hergestellt, d.h., aus Milch, die 45 bis 50 % Milchfett

enthält. Durch Rühren kleben die _____ im Rahm zusammen, die sich dann zu

_____ zusammenballen. Die fast fettlose Milch, die dabei abläuft, ist die _____ .

2 Beschriften Sie die hauptsächlichen Bestandteile der Butter.

mindestens 82 %

_____

höchstens 16 %

_____

höchstens 2 %

_____

3 Nennen Sie die Handelsklassen, die die Qualität der Butter bezeichnen.

beste Butterqualität:
_____

etwas geringere Butterqualität:
_____

4 Nennen Sie die Buttersorten, die nach dem Geschmack bezeichnet werden.

Butter aus süßem, ungesäuertem Rahm:
_____

Butter aus mit Milchsäure leicht gesäuertem Rahm:
_____

Butter aus mit Milchsäure gesäuertem Rahm:
_____

5 Die Verwendung von Butter in Bäckerei-/Konditoreierzeugnissen ist besonders werbewirksam und wird deshalb im Namen der Erzeugnisse genannt. Nennen Sie Beispiele.

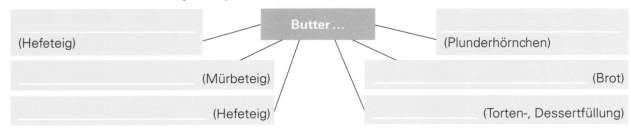

_____
(Hefeteig)

Butter ...

_____
(Plunderhörnchen)

_____
(Mürbeteig)

_____
(Brot)

_____
(Hefeteig)

_____
(Torten-, Dessertfüllung)

6 Nennen Sie die gesetzliche Bestimmung für die Verwendung von Fett für Erzeugnisse, die das Wort Butter in der Verkehrsbezeichnung (Name der Ware) enthalten.

§ _____

_____

7 Nennen Sie die Buttererzeugnisse, bei denen der Butter das Wasser entzogen wurde.

• 99,8 % Fettgehalt: _____ , auch _____ genannt.

• 96 % Fettgehalt: _____

Diese Fette können für Gebäcke anstelle von _____ verwendet werden.

Name:	Klasse:	Datum:

Ein neuer Kollege soll Margarine für Hefeteige, für Fettcremes und zum Tourieren von Blätterteig aus der Kühlung holen. Damit er die richtigen Fette auswählt, erklären Sie ihm die Margarine-sorten und ihre speziellen Verwendungen.

LF 1.2

1 In der Bäckerei/Konditorei werden spezielle Margarinesorten mit besonderen Eigenschaften für bestimmte Erzeugnisse eingesetzt. Nennen Sie die Margarinesorten und die speziellen Verwendungen.

Spezialmargarinesorten	Spezielle Verwendungen	Besondere Eigenschaften
Meister BACK	• _____ • _____ • _____	Für Teige und Massen, da sie sich durch Emulgatoren beim Kneten und Rühren besonders gut mit den anderen Zutaten mischen lässt.
Meister GOLDZIEH Platte	Zum Tourieren von • _____ • _____	Diese wasserarme Margarine ist besonders geschmeidig und ausrollfähig.
Meister GOLDCREME	_____ _____	Diese weiche Margarine ist nach dem Schaumigschlagen besonders geschmeidig und glatt zum Einstreichen und Garnieren.

2 Wofür werden gehärtete Pflanzenfette, z. B. Erdnussfett, Kokosfett, Palmkernfett verwendet?

_____ Begründung: _____

3 Beschreiben Sie die Wirkung von geringen Mengen Fett, bis zu 10 % auf das Mehl berechnet, auf Weizenteige und Gebäcke, z. B. Brezelteig, Pizzateig, Strudelteig.

Wirkung auf Weizenteige	Wirkung auf die Gebäcke
Geringe Menge Fett verbessert den _____ im Weizenteig. Der Teig wird dadurch _____	Porung: _____ Krume: _____ Geschmack: _____

4 Größere Mengen Fett im Hefeteig haben Auswirkungen auf die Herstellung der Teige sowie auf den Geschmack und die Frischhaltung der Gebäcke. Ergänzen Sie die Lücken mit den nachfolgenden Begriffen.

| frisch – länger weich – verdunsten – Fettanteil – mürber – aromatischer – weicher – länger – Wasser |

Je höher der Fettanteil im Hefeteiggebäck ist, desto

- _____ und _____ ist die Krume,

- _____ ist der Gebäckgeschmack,

- _____ ist die Frischhaltung.

Gebäcke mit hohem _____ bleiben länger frisch, weil sich in den Gebäcken wenig

_____ befindet und deshalb kann nur wenig Wasser _____ . Der hohe

Fettanteil hält die Gebäcke bei der Lagerung _____ und somit _____ .

Zucker und seine Eigenschaften

Sie sollen den beiden Auszubildenden die Eigenschaften des Zuckers erläutern. Um dies anschaulich zu gestalten, planen Sie praktische Versuche zu den Themen Löslichkeit, Veränderung bei verschiedenen Temperaturen, Wasseranziehungskraft und Konservierwirkung des Zuckers.

1 Beschriften Sie die beiden Pflanzen, aus denen Zucker gewonnen wird.

1 _____

2 _____

2 Wie lautet die internationale Bezeichnung für Zucker?

_____

Wie heißt die Kohlenhydratgruppe, aus der Kristallzucker besteht?

_____

3 In der Bäckerei/Konditorei wird nur Raffinadezucker (raffinierter Zucker) verwendet. Erklären Sie den Begriff.

_____

_____

4 Worin ist Zucker, vor allem Kristallzucker, nur löslich? _____

5 Nennen Sie die Zuckerlösung, die als Tränke für Tortenböden verwendet wird und beschreiben Sie deren Herstellung.

Name der Zuckerlösung: _____

Herstellung der Zuckerlösung: _____

6 Wie verändert sich der gelöste Zucker in einer Zuckerlösung nach einiger Zeit, z. B. im Honig und Läuterzucker?

_____

7 Ergänzen Sie den Lückentext.

Wird Zucker feucht, bilden sich _____, denn Zucker ist hygroskopisch und bindet

_____. Zucker hat daher eine konservierende Wirkung, weil große Mengen Zucker das freie

Wasser in Lebensmitteln und Backwaren _____. Den _____ fehlt somit

das Wasser zum Leben, sodass die Lebensmittel und Backwaren nicht so schnell _____.

Durch Zucker lange haltbar gemachte Erzeugnisse der Bäckerei/Konditorei sind z. B.:

_____   _____   _____

8 Beschreiben Sie, warum Zucker erst unmittelbar vor der Verarbeitung der Apfelfüllung zu den Apfelspalten gegeben wird, z. B. für Apfelkuchen und Apfelstrudel.

Auswirkung bei zu früher Zuckerzugabe: _____

Begründung: _____

9 Tragen Sie in die Tabelle ein, wie sich Zucker bei steigender Temperatur farblich verändert und wie dieser Zucker in der Fachsprache bezeichnet wird.

über 100 °C	ab 150 bis 180 °C	bei ca. 200 °C
Zucker wird flüssig und ist	Der karamellisierte Zucker ist	Der verbrennende Zucker ist
=	=	=

Name: _____   Klasse: _____   Datum: _____

Ein Kollege stellt fest, dass in Ihrer Bäckerei/Konditorei verschiedene Zuckerarten für bestimmte Waren verarbeitet werden. Er möchte von Ihnen wissen, wie die unterschiedlichen Zuckerarten ihre Beschaffenheit und ihr Aussehen erhalten.

LF 1.2

1 Kristallzucker wird bearbeitet, damit unterschiedliche Zuckerarten für verschiedene Verwendungszwecke entstehen. Ordnen Sie den Zuckerarten die richtigen Erklärungen zu, indem Sie die Buchstaben eintragen.

A	Gelierzucker		zu Puder gemahlener Kristallzucker
B	Vanillezucker		Puderzucker, der mit Fett und Stärke behandelt wird, sodass er nicht schmilzt
C	Süßer Schnee (Dekorpuder)		zu Platten gepresster Kristallzucker, in Würfel geschnitten
D	Glukosesirup		Kristallzucker, an dem gelbbrauner Sirup haftet
E	Puderzucker		Kristallzucker mit natürlichem Vanillearoma
F	Brauner Zucker		Kristallzucker mit gemahlenem Zimt gemischt
G	Kandis, weiß und braun		Kristallzucker mit Bindemittel
H	Würfelzucker		klarer, zäher Sirup mit hohem Anteil Glukose (Traubenzucker)
I	Zimtzucker		große, harte Zuckerkristalle, die durch Auskristallisieren einer Zuckerlösung entstehen

2 Beschreiben Sie die Herstellung von Fondant, indem Sie folgende Wörter in den Lückentext einfügen.

• Zuckerglasur • Zucker • Zuckerkristalle • erhitzt • Abkühlen • Wasser

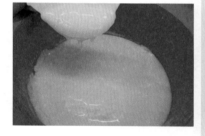

Für die Herstellung von Fondant wird eine Zuckerlösung mit

_____ und _____ auf 117 °C

_____ . Beim anschließenden _____

in einem Rührwerk bilden sich winzige _____ ,

die eine geschmeidige und weiße _____ ergeben.

3 Nennen Sie Beispiele für Bäckerei-/Konditoreierzeugnisse, in die Glukosesirup gegeben wird, und begründen Sie die Zugabe.

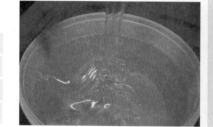

Erzeugnisse: _____

Begründung: _____

4 Beschreiben Sie die Wirkung von Zucker auf die Gebäcke.
• Zucker ist Hefenahrung im Hefeteig.

• Zucker verfärbt sich an der Gebäckkruste beim Backen.

Folge: _____ Hefeteiggebäcke

Folge: _____

• Zucker verbessert in Hefeteiggebäcken den _____ .

• Die ideale Zuckermenge in Hefeteigen auf 1 000 g Weizenmehl ist _____ .

Honig

Eine gesundheitsbewusste Kundin fragt Sie, ob Sie Feine Backwaren anbieten, die statt Zucker mit Honig hergestellt werden. Sie geben ihr Auskunft über Honig und dessen Verwendung in Ihrem Bäckerei-/Konditoreibetrieb.

1 Nennen Sie die zwei Honigarten, die nach der pflanzlichen Herkunft unterschieden werden, und beschreiben Sie diese.

Honigart nach pflanzlicher Herkunft		
Honigfarbe		
Geschmack		

2 Tragen Sie die Honigbestandteile passend zu den Prozentzahlen ein.

ca. 70 %

ca. 7 %
bis 5 %
ca. 20 %

Dieser Zucker ist Einfachzucker aus

Honig enthält viele natürliche   .

3 Wie verändert sich Honig nach längerer Lagerzeit, ohne dass ein Qualitätsverlust eintritt?

Rüben- und Malzzucker im Honig   , der Honig wird   .

Wie wird Honig wieder kristallfrei?

4 Wofür wird Honig hauptsächlich in der Bäckerei/Konditorei verwendet?

5 Beschreiben Sie, wie Honig auf die Lebkuchen wirkt.

6 Wie wird der von der Industrie nachgemachte Honig bezeichnet?

Den Namen hat dieser „Honigersatz" wegen seiner cremigen Beschaffenheit und weil er überwiegend aus von Rübenzucker abgebautem   besteht. Dieser Honig, der umgangssprachlich „Kunsthonig" genannt wird, schmeckt nur   , es fehlt der   .

7 Honig besteht neben Invertzucker aus 5 % Malzzucker, 7 % Rübenzucker und 20 % Wasser.

a) Berechnen Sie, wie viel g der einzelnen Bestandteile in einem Honigglas von 500 g enthalten sind.

Invertzucker: Malzzucker: Rübenzucker: Wasser:

b) Ermitteln Sie von den 500 g Honig den Energiegehalt in kJ.

Name: Klasse: Datum:

Salz (Speisesalz)

Der neue Auszubildende meint, dass die kleinen Mengen Salz für die Teige nicht abgewogen, sondern ungefähr hineingegeben werden können. Sie erklären ihm, wie sich salzarme und auch zu salzhaltige Teige mit Hefe während der Gare verhalten und wie man diese am fertigen Gebäck erkennen kann.

1 Salz besteht aus zwei Mineralstoffen. Suchen Sie aus folgenden Mineralstoffen die zwei richtigen Symbole aus und nennen Sie die Mineralstoffnamen: Ca, K, P, F, Zn, Na, Fe, J, Cl, Mg, S

Symbole: _____ und _____   Mineralstoffnamen: _____ und _____

2 Tragen Sie die Handelssorten von Speisesalz ein, die nach deren Gewinnung benannt werden.

Unterirdisch im Salzbergwerk abgebautes Salz:	Durch Verdampfung in Salinen gewonnenes Salz:	Durch Verdunstung von Meerwasser gewonnenes Salz:

3 Beantworten Sie die folgenden Fragen zu den Eigenschaften von Salz mit ja oder nein:

Salz ist stark wasseranziehend (hygroskopisch) und wirkt in Lebensmitteln konservierend. _____

Salz verdirbt bei zu langer bzw. falscher Lagerung. _____

Klumpig gewordenes Salz hat keinen Qualitätsverlust, es löst sich im Wasser auf. _____

Salz ist ein Würzmittel und gehört nicht zu den Gewürzen. _____

4 Salz ist ein wichtiger Geschmacksgeber. Geben Sie die richtige Salzmenge in g auf 1 kg Mehl in folgenden Teigen an:

Brötchenteige, Brotteige, Blätterteig: _____   Mürbeteige: _____

Hefeteige: _____   1 Prise Salz, z. B. für 1 kg Masse = _____

5 Beschreiben Sie, wie Salz die Hefegärung und den Kleber im Teig beeinflusst.

Salz _____ die Gärung der Hefe im Teig. Folge: Je mehr Salz im Teig, desto _____ ist die Hefegärung.

Salz _____ bei der Teigbereitung den Kleber. Bei richtiger Salzmenge wird der Kleber _____ .

zu geringe Salzmenge	zu hohe Salzmenge

	zu geringe Salzmenge	zu hohe Salzmenge
Gärverlauf:		
Stärke des Klebers:		
Teiglinge:		
Gebäckform:		
Krustenfarbe:		
Porung:		

Gewürze

Sie diskutieren mit einem Kollegen darüber, ob man bei der Backwarenherstellung die Gewürze nicht einfach weglassen könne, da sie im Vergleich zu den anderen Zutaten sehr teuer sind.

1 Erklären Sie den Begriff „Gewürze".

2 Bezeichnen Sie die Pflanzenteile, aus denen Gewürze bestehen und ordnen Sie die folgenden Gewürze den entsprechenden Pflanzenteilen zu.

> • Kümmel • Ingwer • Paprika • Zimt • Oregano • Vanille • Basilikum • Nelken • Zitrone • Anis • Schwarz-kümmel • Lorbeer • Zwiebel • Kardamom • Fenchel • Pfeffer • Knoblauch • Kapern • Koriander • Piment • Majoran • Muskatnuss • Macis • Thymian • Wacholderbeeren • Salbei

Pflanzenteile	Gewürze

3 Nennen Sie die hauptsächlichen geschmack- und geruchgebenden Stoffe in den Gewürzen und ihre Eigenschaft, die sich auf die Lagerung der Gewürze auswirkt.

Die hauptsächlichen geschmack- und geruchgebenden Stoffe sind	Warum kann man diese Stoffe aufgrund ihrer Eigenschaft riechen?	Die wichtigste Lagerbedingung für Gewürze ist deshalb:

4 Die drei hauptsächlichen Auswirkungen beim Essen von gewürzten Speisen bilden eine Kettenreaktion beim Verzehr, die sich auf den Menschen auswirkt. Beschreiben Sie diese.

Die Qualität der Speisen wird durch die Gewürze erhöht:	Die Speisen werden dadurch mit Genuss gegessen. Dabei bilden sich Verdauungssäfte im Körper:	Die Verdauungssäfte enthalten die nährstoffabbauenden Enzyme, sodass sich der Mensch nach dem Essen wohl fühlt:

Name: Klasse: Datum:

Eine neue Kollegin fragt Sie, warum in der Bäckerei/Konditorei nicht einfach Aromen statt Gewürzmischungen verwendet werden. Sie erklären ihr Gewürzmischungen und Aromen.

LF 1.2

1 Die Gewürzindustrie bietet Gewürzmischungen an. Erklären Sie „Gewürzmischungen".

Nennen Sie Gewürzmischungen, die nach ihrem Verwendungszweck benannt werden.

2 Nennen Sie die vier Brotgewürze, die gemahlen in roggenhaltige Brotteige gegeben werden und in ganzer Form in Gewürzbroten enthalten sind.

3 Erklären Sie „Aromen", die flüssig, pasten- und pulverförmig im Handel sind.

4 Aromen werden nach der Aromenverordnung unterschieden zwischen:

_____ oder: _____ oder:

Sie werden hauptsächlich aus Pflanzen, aber auch aus tierischen Stoffen gewonnen.	Es sind künstliche Aromen, die chemisch hergestellt werden. Der Unterschied bei der Deklaration gegenüber natürlichen Aromen ist:

5 Schreiben Sie die folgenden Antworten zu den entsprechenden Aufgaben, um die Deklarationsvorschriften zu vervollständigen:

• ist künstliches Zitronenaroma • müssen nicht gekennzeichnet werden • mehrere natürliche Aromen gemischt • nur natürliche Aromen • enthält nur natürliches Vanillearoma • Kennzeichnung im Zutatenverzeichnis

Welche Aromen werden für Erzeugnisse verwendet, die das Aroma im Namen der Ware enthalten, z. B.
Zitronenkuchen, Eierlikörsahnetorte, Vanilleeis?

Aromen in losen, unverpackten Waren:

Aromen in Waren in vorverpackten Waren:

Welche Aussage haben folgende Deklarationen?

• natürliches Vanillearoma:

• Zitronenaroma:

• natürliche Aromen:

6 Erläutern Sie den Begriff „Ölsamen" (Ölsaaten). Sie gehören nicht zu den Gewürzen und Getreidearten.

Nennen Sie verschiedene Ölsamen, die in der Bäckerei/Konditorei verwendet werden.

Eier

Ein Kunde wundert sich, warum in einem Kuchenrezept die Begriffe *Vollei* und *Eiklar* statt *Ei* und *Eiweiß* stehen. Außerdem fragt er sich, warum manchmal das Trennen der Eier so schwierig ist, weil das Eigelb schnell in das Eiweiß fließt. Sie erklären ihm die Zusammensetzung der Eier und wie sie sich bei der Lagerung verändern.

1 Tragen Sie die Bestandteile eines Eies (Hühnerei) ein.

2 Kreuzen Sie die richtigen Aussagen an:

Vollei ist das Ei mit Schale.

Vollei ist das Ei ohne Schale.

Ei ist das ganze Ei mit Schale.

Ei ist Eiklar und Eigelb.

3 Erklären Sie die Güteklasse A.

4 Bezeichnen Sie die Gewichtsklassen der Eier und geben Sie die Größenangaben an.

Gewicht	Gewichtsklasse	Größenangabe
73 g und darüber		
63 bis unter 73 g		
53 bis unter 63 g		
unter 53 g		

5 In den Rezepturen wird das Gewicht der Eier angegeben. Wie viel Gramm berechnet man in der Praxis für ein Ei mittlerer Größe?

1 Ei: ca. 56 g (ca. 6 g Schale)

1 Vollei: ca.

1 Eiklar: ca.

1 Eigelb: ca.

6 Eier enthalten Fett. In welchem Teil des Eies befindet sich das Fett und welcher ist fettlos?

Bestandteil, der aus 32 % Fett besteht: fettloser Bestandteil:

7 Nennen Sie die drei bedeutenden Fettbegleitstoffe, die sich im Eigelb befinden.

• Emulgator: • Farbstoff: • Blutfett:

8 Beschreiben Sie, wie frische Eier und ältere Eier nach dem Aufschlagen erkennbar sind.

Frisches Ei:	Älteres Ei:
Eigelb:	Eigelb:
Eiklar:	Eiklar:
Erkennung von frischen Eiern beim Trennen:	Erkennung von älteren Eiern beim Trennen:
Wo werden Eier gelagert?	Veränderungen der Eier bei der Lagerung:

Name: Klasse: Datum:

Da Eier zu den wichtigsten Zutaten in der Bäckerei und Konditorei gehören, sollen Sie einen Eintrag über Eier in Ihr Berichtsheft schreiben. Er soll folgende Themen beinhalten: technologische Eigenschaften von Eigelb und Eiklar, Aufschlagen von Eiern, Eikonserven und Hygieneregeln bei der Verarbeitung von Eiern.

LF 1.2

1 Erklären Sie, warum beim Aufschlagen von Eiklar ein lockerer, großvolumiger Eischnee entsteht.

2 Nennen Sie die drei Auswirkungen von Eischnee auf das Gebäck.

3 Beschreiben Sie, wieso Eigelb, obwohl es mehr Eiweiß als Eiklar besitzt, beim Aufschlagen die Luft kaum festhalten kann und somit nicht aufschlagfähig ist.

4 Erläutern Sie, warum Volleier trotz des hohen Fettgehalts der Eigelbe beim Aufschlagen die eingeschlagene Luft gut festhalten können.

Das _____ des Eigelbs emalgiert das Fett und Wasser der Eier, sodass

das Eiweiß _____ bleibt und die eingeschlagene _____ festhalten kann.

Wie entsteht eine lockere Eiermasse? _____

5 Nennen Sie die drei Auswirkungen von Eigelb auf das Gebäck, die sich durch den hohen Fettanteil als Geschmacksgeber und das Lezithin als Emulgator ergeben.

6 Formulieren Sie mithilfe der Bilder die Hygieneregeln beim und nach dem Aufschlagen von Eiern, um eine Verschleppung von Salmonellen innerhalb des Betriebs zu verhindern.

Obst (Früchte): Frischobst

Sie sollen beim Obsthändler Frischobst für Ihre Bäckerei/Konditorei bestellen. Dafür stellen Sie eine Liste der Obstsorten zusammen, die sie regelmäßig im Betrieb benötigen. Da zurzeit nicht alle Obstsorten frisch angeboten werden, überlegen Sie, welches Obst das gesamte Jahr über tiefgefroren im Angebot ist.

LF
1.2

1 Nennen Sie die drei Kernobstsorten. Beschreiben Sie auch die hauptsächliche Verwendung.

Kernobst	Verwendung

2 Die Apfelsorte ist entscheidend für die Qualität der Apfelgebäcke. Unterstreichen Sie farbig, welche Anforderungen die Äpfel erfüllen müssen.

festes Fruchtfleisch	weiches Fruchtfleisch	säuerlicher Geschmack	süßer Geschmack

3 Steinobstsorten besitzen im Inneren einen großen, harten, nicht essbaren Stein. Nennen Sie Steinobst, das in der Bäckerei/Konditorei verwendet wird. (ß = SS)

- blau
- rot
- rot
- gelb-rot
- gelb

4 Warum sind nur Zwetschgen im Gegensatz zu Pflaumen gut zu verarbeiten und backfähig?

Verarbeitung:

Eigenschaft nach dem Backen:

5 Wie werden „gebundene Sauerkirschen" als Kirschfüllung hergestellt?

6 Beschreiben Sie, warum nur reife Bananen verwendet werden sollen.

Begründung:

Erkennungsmerkmale:

7 Nennen Sie Zitrusfrüchte, exotische Früchte und andere Südfrüchte, die in der Bäckerei/Konditorei verwendet werden. Setzen Sie dazu die passenden Buchstaben in die Lücken ein.

O a g n	_ a _ ari_en	Zi_r_n_n	_rap_fru_ts
K_ra_bol_n	Mar_c_j_s	an_n_n	Ph_s_li_
A_an_s	K_k_s	_i_is	M_ng_

Name:	Klasse:	Datum:

Obst (Früchte): Schalenobst, Trockenobst, Dickzuckerfrüchte

LF
1.2

Sie bekommen im Betrieb folgende Aufträge: Nussfüllung herstellen sowie Trockenfrüchte und Dickzuckerfrüchte für Stollen herrichten. Sie überlegen sich deshalb, welche Früchte dafür verwendet werden.

1 Nach den Bestimmungen der Leitsätze versteht man unter dem Wort „Nüsse" nur folgende zwei Sorten:

2 Geben Sie Beispiele für Bäckerei-/Konditoreierzeugnisse, die nur diese Nüsse enthalten dürfen.

Nusserzeugnisse

3 Wie heißen die abgebildeten Schalenfrüchte?

4 Erläutern Sie, wie Nüsse vor der Verarbeitung grundsätzlich bearbeitet werden und begründen Sie dies.

5 Beschreiben Sie, woraus folgende Trockenobstsorten gewonnen werden und wie sie schmecken.

Rosinen	Sultaninen	Korinthen
Geschmack	Geschmack	Geschmack

6 Erklären Sie, was man unter „Dickzuckerfrüchten" oder „kandierten Früchten" versteht.

7 Nennen Sie Dickzuckerfrüchte, die aus verschiedenen Früchten und Pflanzenteilen kandiert werden.

Ganze rote Früchte als Dekor	Fruchtschalen, klein gewürfelt	Stängel der Engel-wurz als Dekor	Kandierte Früchte

8 Beschreiben Sie, woraus Orangeat und Zitronat bestehen.

Orangeat:

Zitronat:

Sie schlagen einer Kundin diverse Hefeteiggebäcke vor, die sich für einen Wochenendbrunch eignen. Daraufhin bestellt sie fünf Hefezöpfe sowie fettarme Hefeteiggebäcke.

LF 1.2

1 Erstellen Sie ein Grundrezept für einen Hefeteig mit folgenden Zutatenmengen: 120 g, 10 g, 1 000 g, 5 g, 5 g, 150 g, 400 g, 60 g, 150 g. Ermitteln Sie auch das Hefeteiggewicht des Grundrezepts.

Rohstoffgewichte:	Zutaten:
Hefeteiggewicht	

2 Hefeteige werden nach ihrem Fettanteil im Grundrezept unterschieden. Geben Sie jeweils die Bezeichnung des Hefeteigs mit folgendem Fettgehalt auf 1 000 g Weizenmehl an.

Hefeteig mit wenig Fett – 100 bis 150 g Fett:	Hefeteig mit mittlerem Fettgehalt – 150 bis 250 g Fett:	Hefeteig mit viel Fett – 250 bis 500 g Fett:

3 Nennen Sie Hefeteiggebäcke mit geringem bis mittlerem Fettgehalt.

Kleinere Gebäcke:

Größere Gebäcke:

Siedegebäcke:

Blechkuchen:

4 Beschreiben Sie die Verkaufsargumente für Hefeteiggebäcke aus leichtem und mittelschwerem Hefeteig.

Qualitäts-merkmale der Hefeteig-gebäcke	Beschaffenheit der Gebäcke: Bekömmlichkeit:
Frischhaltung 	Bester Geschmack der Hefeteiggebäcke: In welchem Zeitraum werden deshalb Hefeteiggebäcke nur verkauft? Frischhaltung der größeren Gebäcke beim Kunden, z. B. Hefezöpfe:
Besondere Eignung der Hefeteig-gebäcke	

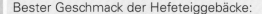

Name: Klasse: Datum:

Sie sollen für die Hefezöpfe die Zutaten fachgerecht in den Knetkessel der Knetmaschine wiegen und dann den Hefeteig herstellen.

1 Beschreiben Sie, wie die Zutaten zur Herstellung des Hefeteigs in den Knetkessel gegeben werden.

Weizenmehl:

_____

_____

Milchtemperatur, damit die Hefeteigtemperatur ca. 26 °C erreicht:

_____

_____

Hefe:

_____

_____

Zitronen- und Vanillearoma dosieren:

_____

_____

Eierschalen dürfen beim Aufschlagen nicht in den Knetkessel gelangen:

_____

_____

2 Ergänzen Sie die Sätze neben den Bildern, die die einzelnen Schritte der Hefeteigherstellung bis zum Aufarbeiten beschreiben.

Weizenteige erfordern zur guten Kleberbildung eine

_____

_____

bei hoher Knetgeschwindigkeit, z. B. im

_____ .

Das Kneten eines Teigs erfolgt in zwei Geschwindigkeiten. Die Zeiten werden an der Knetmaschine eingestellt.

linke Uhr: _____   rechte Uhr: _____

Im Langsamgang erfolgt das

_____

_____ , das

_____ Minuten

dauert. Das Weizenmehl _____ dabei

einen Großteil des Wassers der Milch.

Im Schnellgang erfolgt

das _____

_____ , das

ca. _____ Minuten dauert.

Fertig gekneteten Hefeteig erkennt man an der

_____ .

Nach dem Kneten wird der Hefeteig auf einem Arbeitstisch

_____ , damit die Oberfläche

_____ ist und somit nicht

so schnell _____

_____ kann.

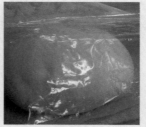

Nach dem Kneten bekommt der Hefeteig

eine _____

von ca. _____ Minuten.

Dabei wird der Hefeteig mit einer _____

abgedeckt, damit er keine _____ bekommt.

Sie sollen einer Kollegin die Zusammensetzung und Herstellung von Mürbeteig erklären. Dabei legen Sie besonderen Wert auf die richtige Herstellung und mögliche Herstellungsfehler.

1 Mürbeteig wird nach einem festgelegten Mengenverhältnis hergestellt. Tragen Sie in die Tabelle die Mengenanteile, den Fachbegriff des Mürbeteigs, die Zutaten und Mengenangaben für ein Rezeptbeispiel ein (1 Teil ≙ 1 000 g).

LF 1.2

Mengenanteile der Grundzutaten:	Grundzutaten:	Rezeptbeispiel:
☐ Teil		1 000 g
☐☐ Teile		g
☐☐☐ Teile		g
Fachbegriff dieses Mürbeteigs:	**Gebäckverbessernde Zutaten:**	
		300 g
		15 g
		20 g
	Mürbeteiggewicht	g

2 Beschreiben Sie die Herstellung von ausrollfähigem Mürbeteig.

1. Schritt:

2. Schritt:

Den Mürbeteig vor der Weiterverarbeitung

3 Ergänzen Sie den Lückentext, der den Herstellungsfehler beschreibt.

Wenn Mürbeteig beim Ausrollen reißt und brüchig ist, wurde er zu   geknetet

oder es wurde zu   Fett verwendet. Beim fachgerecht hergestellten Mürbe-

teig bindet Fett das Mehl. Wird der Mürbeteig zu lange geknetet, wird das Fett durch die

Kneterwärmung   und sogar   . Das sehr weiche, ölige Fett trennt

sich vom   . Der Mürbeteig verliert die Bindigkeit und   somit beim

Ausrollen. Dieser Mürbeteig wird als   Mürbeteig bezeichnet.

4 Benennen Sie die abgebildeten speziellen Mürbeteiggebäcke und beschreiben Sie die Besonderheiten.

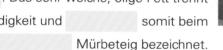

    : 1-2-3-Mürbeteig
wird mit   zu
Schokoladenmürbeteig
gemischt. Heller und
Schokoladenmürbeteig
werden zu verschiedenen
Mustern zusammengesetzt.

    :
Mürbeteig wird mit geriebenen
     bzw.
     hergestellt.

Name: Klasse: Datum:

Eine Kundin fragt nach passenden Gebäcken als Gebäckreserve für den Nachmittagskaffee. Sie erläutern ihr, warum eine Mischung Teegebäck mit Plätzchen und Spritzgebäck bestens dafür geeignet ist und wie sie diese lagern sollte.

LF 1.2

1 Stellen Sie mit einem Vergleich der Rezepturen die Unterschiede zwischen Spritzmürbeteig und 1-2-3-Mürbeteig fest.

1-2-3-Mürbeteig	Spritzmürbeteig
900 g Weizenmehl	900 g Weizenmehl
600 g Butter/Margarine	750 g Butter/Margarine
300 g Zucker	300 g Puderzucker
50 g Vollei	200 g Vollei
5 g Salz	5 g Salz
Zitronen- und Vanillearoma	Zitronen- und Vanillearoma
1 855 g Teiggewicht	2 155 g Teiggewicht

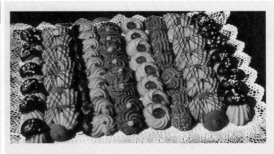

Gebäckname: _____

Unterschiede des Spritzmürbeteigs im Vergleich zum 1-2-3-Mürbeteig:

Zutatenmengen: _____   Zuckerart: Da Spritzmürbeteig frisch

verarbeitet wird und der Zucker sich darin nicht auflösen kann, wird _____ verwendet.

Festigkeit des Teigs: _____   Beschaffenheit der Spritzgebäcke

beim Essen: _____   Noch sandiger sind Spritzgebäcke mit erhöhtem

Zuckeranteil. Sie werden deshalb als _____ bezeichnet.

2 Nennen Sie den Mürbeteig, der auf Blechkuchen gestreut wird, und beschreiben Sie seine Herstellung.

Name des Mürbeteigs:

Die Zutaten des Mürbeteigs werden nur schwach _____ , sodass kleine _____ entstehen.

3 Formulieren Sie die Verkaufsargumente der Mürbeteiggebäcke.

Qualitätsmerkmale der Mürbeteiggebäcke	Beschaffenheit der Gebäcke beim Verzehr:
	Ernährungshinweis:
Lagerung der Mürbeteiggebäcke im Verkauf	Stückgebäck auf Tabletts:
	Nach Ladenschluss oder im Gebäcklager:
	Teegebäcke:
• Frischhaltung, • Begründung der Frischhaltung	
Besondere Eignung der Mürbeteiggebäcke	

Aufschlagen von Eiern

LF 1.2

Ihr Kollege hat eine Biskuitmasse hergestellt, die zu weich ist, einen schlechten Stand hat und zusammenfällt. Sie erklären ihm das richtige Aufschlagen der Eier, des Eiklars und der Eigelbe.

1 Beschreiben Sie, was beim Aufschlagen der Eier erfolgt.

Die aufgeschlagene Eiermasse ist:

Beschaffenheit: _____   Volumen: _____   Stand: _____

2 Nennen Sie die Voraussetzungen der Geräte zum Aufschlagen von Volleiern und Eiklar.

Beschreiben Sie, wie in der Rührmaschine möglichst viel Luft eingeschlagen werden kann.

geeigneter Rührbesen:

Aufschlaggeschwindigkeit:

3 Mit welchen zwei Rohstoffen werden Eier und Eiklar grundsätzlich aufgeschlagen, damit sie einen guten Stand und ein großes Volumen bekommen?

4 Erklären Sie das richtige Aufschlagen von Eiklar zu Eischnee.

Voraussetzung beim Trennen der Eier:

Wann erfolgt die Zuckerzugabe in das Eiklar?

5 Tragen Sie unter den Abbildungen ein, ob der Eischnee „zu kurz aufgeschlagen", „richtig aufgeschlagen" oder „zu lange aufgeschlagen" wurde und nennen Sie außerdem in den Zeilen darunter die Erkennungsmerkmale.

Erkennungs-merkmale	aufgeschlagen	aufgeschlagen	aufgeschlagen
Stand			
Volumen			
Aussehen			

6 Nennen Sie mithilfe des Bilds die Erkennungsmerkmale von schaumig geschlagenem Eigelb.

-
-
-
-

Name: Klasse: Datum:

Ein Kunde kann sich nicht entscheiden, welche Biskuitgebäcke er einkaufen soll. Sie empfehlen und erklären ihm verschiedene Gebäcke.

1 Benennen Sie die abgebildeten Biskuitgebäcke.

2 Erläutern Sie, wodurch die Biskuitmasse ausschließlich gelockert wird.

3 Tragen Sie zu den Mengenanteilen die Zutaten einer Biskuitmasse ein und geben Sie dazu ein Grundrezept an.

☐☐☐☐☐		1 000 g
☐☐		g
☐		g
☐		g

Prise Salz (ca. 2 g)
Zitronen- und Vanillearoma
Massengewicht _____ g

4 Erklären Sie, warum neben Weizenmehl auch Weizenstärke für Biskuitmassen verwendet und 1:1 gemischt wird.

Durch die Weizenstärke bekommen die Gebäcke

eine _____ und _____ Krume.

Auswirkung von zu hohem Weizenmehlanteil:

Gebäckvolumen: _____

Krume: _____

5 Beschreiben Sie die Verkaufsargumente für Biskuitgebäcke.

Qualitätsmerkmale der Biskuitgebäcke 	Erklärung der Gebäcke in Bezug auf die Rezeptur: • _____ • _____ Auswirkungen auf die Biskuitgebäcke: • _____ • _____
Frischhaltung der Biskuit-gebäcke (außer Anisplätzchen)	Biskuitgebäcke sind frisch, so lange sie _____ sind. Da die Gebäcke besonders locker sind und in der Rezeptur kein Fett ent-halten, _____ sie nach einiger Zeit aus.
Aufbewahrung von Löffelbiskuits und Anisplätzchen	
Besondere Eignung der Biskuitgebäcke	Alle Biskuitgebäcke: _____ Besondere Eignung von Biskuitgebäcken ohne Sahnefüllung: _____

Sie sollen eine Biskuitmasse als Zweikesselmasse herstellen. Beachten Sie das korrekte Aufschlagen des Eischnees, damit die Masse beim Melieren den stabilen Stand behält.

1 Am häufigsten wird die Biskuitmasse als „Zweikesselmasse" hergestellt. Erstellen Sie ein Grundrezept mit 1000 g Volleiern und beschreiben Sie die Herstellung. Teilen Sie dabei die Einkesselmasse wie folgt auf:
- Die 1000 g Eier werden getrennt. Für ein Vollei werden 50 g berechnet, 30 g für das Eiklar, 20 g für das Eigelb.
- Das Eiklar wird mit ca. ⅔ des Zuckers aufgeschlagen und die Eigelbe mit dem restlichen Drittel.

Grundrezept: Zweikesselmasse

Menge	Zutat	Herstellung	Melieren
_____ g _____ g			
_____ g _____ g			
_____ g _____ g _____ g	Massengewicht		

2 Was versteht man unter dem Fachbegriff „Melieren"? Setzen Sie in den Text folgende Wörter ein:

- wenigen Rührbewegungen • Volumen • vorsichtige Unterheben • eingeschlagene Luft • Stand
- gerührt • nach und nach zügig • vermischt

Melieren ist das _____ von Zutaten in eine Masse, bis sie

_____ sind. Dabei muss mit einem Rührspatel vorsichtig _____ werden, damit die

_____ nicht aus der Masse herausgeschlagen wird,

sodass das _____ und der stabile _____ der Masse erhalten bleiben.

Richtiges Melieren von Eischnee in die Eigelbmasse:

Die einzurührenden Zutaten _____ in die Masse geben, so können

die Zutaten beim Melieren mit _____ vermischt werden.

3 Beschreiben Sie den hauptsächlichen Gebäckfehler, der sich durch das falsche Aufschlagen des Eischnees ergibt, und die Auswirkungen davon.

Häufigster Fehler beim Aufschlagen des Eischnees:	Melierfähigkeit des flockigen Eischnees in die Eigelbmasse:

Folge der überdehnten Luftbläschen im Eischnee beim Ausdehnen durch die Backhitze:	Auswirkungen auf die Gebäcke:

Name: _____   Klasse: _____   Datum: _____

LF 1.2

Ein Kunde meint, dass tiefgefrorene Backwaren nach dem Auftauen trockener seien und ihre Kruste abblättere. Sie erklären ihm das richtige Tiefgefrieren, damit keine Qualitätsverluste entstehen.

1 Erklären Sie, was beim Haltbarmachen durch Tiefgefrieren geschieht.

2 Der erste Teil des Tiefgefrierens von z. B. Teiglingen und Gebäcken, erfolgt vor dem Lagern der gefrorenen Erzeugnisse im Froster. Ergänzen Sie den Text beim Tiefgefrieren mit den vorgegebenen Wörtern.

–7 °C – –35 °C – Auftauen – gefriert das Wasser – Innere – kleinen Eiskristallen – nicht beschädigt – Qualität – Schockfrosten – starke Kälte – frisch – Zellen – Zellsaft

Begriff für den ersten Abschnitt des Tiefgefrierens:

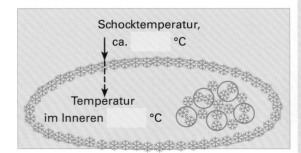

Temperatur im Tiefkühlraum/Tiefkühlschrank:

Die _____ dringt schnell bis in

das _____ der Teiglinge und Gebäcke,

sodass im Inneren _____ entstehen. Dabei _____ in den

Zellzwischenräumen der Lebensmittel zu winzig _____ . Durch die kleinen

Eiskristalle werden die _____ der Lebensmittel _____ . So bleibt der

_____ in den Zellen der Lebensmittel nach dem _____ erhalten. Die Teiglinge

und Gebäcke sind so _____ wie vor dem Tiefgefrieren mit derselben _____ .

3 Kreuzen Sie an, bei welcher Temperatur die Erzeugnisse nach dem Schockfrosten im Froster gelagert werden. ☐ –1 °C ☐ –10 °C ☐ –18 °C ☐ –28 °C ☐ –35 °C

4 Beim langsamen Tiefgefrieren, z. B. bei –18 °C, erfolgt das Gegenteil wie beim Schockfrosten. Ergänzen Sie die Sätze, die die Folgen des langsamen Tiefgefrierens erklären.

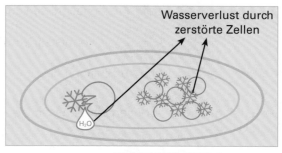

Wasserverlust durch zerstörte Zellen

Bei geringer Kälte gefriert das _____ in

den Zellzwischenräumen _____ . Dabei

bilden sich _____

mit scharfen Kanten. Diese _____

die Zellwände der Zellen der Lebensmittel. Beim

Auftauen läuft der _____ aus den Zellen, sodass die Teiglinge und Gebäcke

_____ werden und an _____ verlieren.

5 Wie kann das Austrocknen der Teiglinge und Gebäcke durch die kalte Luft beim Tiefgefrieren verhindert werden?

Eine Kollegin fragt Sie, warum Obst in Dosen so lange lagerfähig ist und nicht verdirbt. Sie er-
läutern ihr die industriellen Haltbarmachungsmethoden sowie die Verfahren, die in der Bäckerei/
Konditorei eingesetzt werden, damit Waren länger frisch bleiben und nicht verderben.

1 Beschreiben Sie die industriellen Haltbarmachungsverfahren von flüssigen Lebensmitteln durch Hitze.

LF 1.2

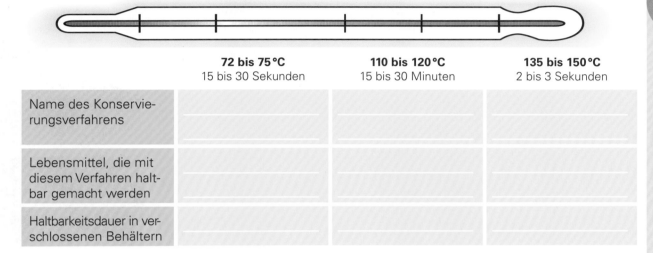

	72 bis 75 °C 15 bis 30 Sekunden	**110 bis 120 °C** 15 bis 30 Minuten	**135 bis 150 °C** 2 bis 3 Sekunden
Name des Konservierungsverfahrens			
Lebensmittel, die mit diesem Verfahren haltbar gemacht werden			
Haltbarkeitsdauer in verschlossenen Behältern			

2 Was erfolgt vor dem Erhitzen der Lebensmittel im Industriebetrieb?

3 Erklären Sie, wie Milchpulver hergestellt wird.

Milch wird auf über 100 °C erhitzt. Dabei _____ das Wasser der Milch. Übrig bleiben die

festen Stoffe der Milch wie _____

in Form von Pulver.

4 Nennen Sie außer Milchpulver weitere häufig verwendete Lebensmittel in Pulverform.

5 Listen Sie die Vor- und Nachteile der getrockneten Lebensmittel gegenüber den Lebensmitteln in der
ursprünglichen Form, z. B. Milchpulver und Milch, auf.

Vorteile	Nachteile
•	•
	•
•	

6 Tragen Sie ein, welches Konservierungsverfahren eingesetzt wurde und beschreiben Sie es kurz.

Name: Klasse: Datum:

Ein Kollege glaubt, dass alle chemischen Vorgänge in Lebensmitteln gesundheitsschädliche Auswirkungen hätten. Sie erklären ihm die natürlichen Vorgänge bei chemischen Konservierungsverfahren und unterscheiden diese von der Haltbarmachung der Lebensmittel mit chemischen Konservierungsstoffen.

LF 1.2

1 Chemische Konservierungsverfahren sind natürliche, biochemische Vorgänge. Nennen Sie die zwei Verfahren, bei denen hohe Zugaben von Lebensmitteln den a_w-Wert der Lebensmittel senken und so konservierend wirken. Geben Sie auch Lebensmittelbeispiele an und beschreiben Sie die Wirkung.

Konservierungsverfahren:

Lebensmittelbeispiele:
-
-
-

Konservierungsverfahren:

Lebensmittelbeispiele:
-
-
-

Konservierende Wirkung der zugegebenen Rohstoffe in den Lebensmitteln:

2 Tragen Sie drei weitere chemische Konservierungsverfahren, Lebensmittelbeispiele und die Wirkung ein.

Obst wird in eine hochprozentige Flüssigkeit gelegt. Verfahren:

Lebensmittelbeispiele:
-

Lebensmittel in Flüssigkeiten mit niedrigem pH-Wert legen, z. B. in Essigwasser. Verfahren:

Lebensmittelbeispiele:
-
-
-

Lebensmittel über ein rauchendes Holzfeuer hängen. Verfahren:

Lebensmittelbeispiele:
-
-
-

Konservierende Wirkung in den Flüssigkeiten und durch Rauch:

3 Tragen Sie Ihre Antworten in das Kreuzworträtsel ein. (Ä bleibt Ä)

1. Die biologische Konservierung der Lebensmittel ist eine Gärung durch
2. Diese Bakterien vergären in den Lebensmitteln den
3. Der Konservierungsstoff, der bei der Gärung entsteht, ist die
4. Ein Lebensmittel, das durch diese biologische Konservierung lange haltbar gemacht wird, ist das
5. Bei den chemischen Konservierungsstoffen verhindern Säuren im Brot die Bildung von
6. Durch Schwefeldioxid behalten die Trockenfrüchte ihre natürliche, helle
7. Oberflächenbehandlungsmittel befinden sich auf den Schalen von
8. Antioxidantien verhindern den Verderb der Lebensmittel durch
9. Ein chemischer Konservierungsstoff ist nach dem LFGB ein Lebensmittel …

Sauerkraut

Stoffwechsel

Viele Ihrer Kunden wünschen leicht verdauliche Bäckerei-/Konditoreierzeugnisse. Manche meinen, dass in diesen Erzeugnissen hauptsächlich Fett und Zucker enthalten seien. Sie erläutern diesen Kunden, welche weiteren Nährstoffe es gibt, wie alle Nährstoffe bei der Verdauung abgebaut werden und welche Aufgaben sie dann im Körper erfüllen.

LF 1.3

1 Die Verdauung ist ein wichtiger Vorgang beim Stoffwechsel. Erklären Sie den Vorgang der Verdauung.

2 Nennen Sie die deutschen Begriffe für die Nährstoffe und ihre kleinsten Bausteine, die von den genannten Enzymen abgebaut werden.

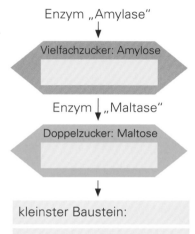

Enzym „Amylase"

Vielfachzucker: Amylose

Enzym „Maltase"

Doppelzucker: Maltose

kleinster Baustein:

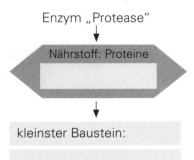

Enzym „Protease"

Nährstoff: Proteine

kleinster Baustein:

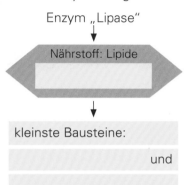

Enzym „Lipase"

Nährstoff: Lipide

kleinste Bausteine:

und

3 Erklären Sie, warum das Essen mit Appetit das Wohlbefinden fördert und für die Ernährung wichtig ist.

Isst man mit Appetit, bilden sich im Körper _____ .

➡

Im Mundspeichel, Magensaft und Bauchspeichel und Darmsaft befinden sich alle _____ .

➡

Sie sorgen für den _____ der Nährstoffe in die kleinsten Bausteine.

➡

Die kleinsten Bausteine der Nährstoffe _____ sich mit den Mineralstoffen und Vitaminen im _____ der Verdauungssäfte.

➡

In Wasser gelöst können alle Nährstoffe durch die Darmwand in den _____ übergehen (Resorption).

➡

Blut _____ die Nährstoffe in die einzelnen _____ , in denen der Zellstoffwechsel beginnt.

4 Beschreiben Sie, welche Aufgaben die Nährstoffe in den Körperzellen beim Zellstoffwechsel erfüllen.

Kohlenhydrate, Fette und zum Teil Eiweiß	Eiweiß, Mineralstoffe und Wasser	Mineralstoffe und Vitamine

5 Der Körper benötigt nur eine bestimmte Menge Energie. Was geschieht, wenn häufig zu viele energieliefernde Nährstoffe gegessen werden, die der Körper nicht mehr benötigt?

Die zu viel gegessenen Nährstoffe werden zu _____ umgewandelt.

Die Folge ist _____ .

Name: _____ Klasse: _____ Datum: _____

Nährstoffbedarf

Sie erläutern einem Kunden, der gerne abnehmen möchte, wie er seinen Energiebedarf berechnen und damit eine geeignete Lebensmittelauswahl treffen kann.

LF
1.3

1 Geben Sie die Maßeinheiten für den Energiegehalt der Lebensmittel an.

Maßeinheit: _____
frühere, noch sehr geläufige Maßeinheit: _____

Abkürzung: _____
Abkürzung: _____

2 Nennen Sie die drei Nährstoffe der Lebensmittel, die dem Körper Energie geben und tragen Sie den Energiegehalt von je 1 g dieser Nährstoffe ein.

1 g	_____	≙	kJ
1 g	_____	≙	kJ
1 g	_____	≙	kJ

Der mit Abstand größte Energielieferant in unseren Lebensmitteln ist _____ .

Auch Alkohol ist ein Energieträger: 1 g Alkohol ≙ _____ kJ.

3 1 Brötchen, das 40 g wiegt, enthält 20 g Kohlenhydrate, 3 g Eiweiß und 1 g Fett.
1 Scheibe Vollkornbrot, die 50 g wiegt, enthält 21 g Kohlenhydrate, 4 g Eiweiß und 0,5 g Fett.

a) Berechnen Sie den Energiegehalt eines Brötchens und den Energiegehalt einer Scheibe Vollkornbrot in kJ.

1 Brötchen: _____ kJ; 1 Scheibe Vollkornbrot: _____ kJ

b) Ermitteln Sie, wie viel kJ Unterschied bei je 500 g Backwaren bestehen.

500 g Vollkornbrot besitzen _____ kJ weniger als 500 g Brötchen.

c) 1 kJ entspricht 0,24 kcal. Wie viel kcal besitzen je 500 g der Backwaren?

500 g Brötchen: _____ kcal; 500 g Vollkornbrot: _____ kcal

4 Tragen Sie die Begriffe für den Energiebedarf des Körpers ein.

Die Energiemenge, die der Körper bei völliger Ruhe und Entspannung benötigt:

_____ .

Energie wird benötigt für: _____

_____

Die Energiemenge, die der Körper bei geistiger und körperlicher Arbeit benötigt:

_____

Gesamtenergiebedarf, den der Körper täglich benötigt:

_____ .

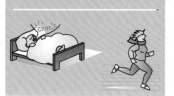

5 Der Energiebedarf ist unterschiedlich hoch. Kreuzen Sie an, bei welchen Personen der tägliche Energiebedarf höher ist.

Frauen		Männer	
junge Menschen		alte Menschen	
kleine Menschen		große Menschen	
Menschen mit sitzender Tätigkeit		Menschen mit körperlicher Tätigkeit	
leben und arbeiten bei kühlen Temperaturen		leben und arbeiten bei warmen Temperaturen	
nicht stillende Frauen		stillende Frauen	

handwerk-technik.de

Ernährungsgrundsätze

Sie machen einem übergewichtigen Kunden, der häufig in Fast-Food-Restaurants isst, Vorschläge für eine gesündere Ernährung, die ihm auch besser über die Leistungstiefs am Vormittag und Nachmittag hilft.

1 Schon das Fehlen eines einzigen Nährstoffs führt zur Krankheit.

Ausgewogene Ernährung bedeutet daher, dass die Lebensmittel, die regelmäßig gegessen werden,

_____ in der richtigen _____ enthalten.

2 Geben Sie die Nährstoffe an, die in folgenden Anteilen zu einer gesunden Ernährung gehören.

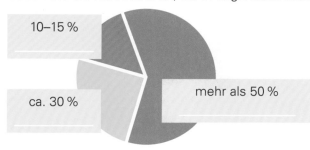

10–15 %

ca. 30 %

mehr als 50 %

Welche Kohlenhydratart sollten die Lebensmittel überwiegend enthalten? _____

Lebensmittelbeispiele: _____

_____

_____

3 Vervollständigen Sie den Lückentext mit folgenden Wörtern:

schrittweise – Energie – Traubenzucker – längere – langsam

Der Grund, warum viele stärkehaltige Lebensmittel gegessen werden sollten, liegt in der Verdauung der Stärke:

Der Vielfachzucker Stärke wird bei der Verdauung langsam zu _____ abgebaut.

Der Übergang von Traubenzucker in die Blutbahn erfolgt deshalb _____ und _____.

Der Körper wird für _____ Zeit gleichmäßig mit _____ versorgt.

4 Nennen Sie Lebensmittel, die täglich gegessen werden sollen.

_____

_____

5 Vervollständigen Sie die Regeln der vollwertigen Ernährung.

Regeln der vollwertigen Ernährung	
damit alle Nährstoffe dem Körper bei der Ernährung zugeführt werden ⬇	damit die Stoffwechselvorgänge in wässrigem Zustand ablaufen können ⬇

6 Tragen Sie die folgenden Begriffe passend ein, die die Auswirkungen beschreiben, wenn täglich wenige große oder mehrere kleine Mahlzeiten verzehrt werden.

sinkt – leistungsfähig – fällt – ausreichend

Zwei oder drei große Mahlzeiten täglich	Fünf oder sechs kleine Mahlzeiten täglich
Leistung des Körpers über den Tagesverlauf: In den langen Zeiten zwischen den Mahlzeiten _____ der Energiegehalt im Körper zunehmend. Die Leistungsfähigkeit _____ .	Leistung des Körpers über den Tagesverlauf: Durch das Essen in kleinen Abständen ist immer _____ Energie vorhanden. Der Körper bleibt _____ .

Name: _____ Klasse: _____ Datum: _____

Während einer Fortbildungsveranstaltung zum Thema „Gesunde Ernährung" sollen Sie einen Vortrag halten über die Ursachen für Übergewicht und die Möglichkeiten Übergewicht zu verhindern.

LF 1.3

1 Ein großer Anteil der Frauen und Männer sind in Deutschland übergewichtig. Beantworten Sie die Fragen zum Thema Übergewicht.

Worin liegen die Ursachen für das Übergewicht?

-
-
-

Stellt sich Übergewicht sofort ein, wenn man zu viel isst?

Wie lauten die zwei wichtigsten Grundregeln für erfolgreiches Abnehmen?

Ernährung:

Leistungsumsatz:

Welche Lebensmittel und Getränke eignen sich besonders zum Abnehmen?

2 Vervollständigen Sie die Sätze, die Untergewicht und auch Magersucht erklären.

Untergewicht entsteht, wenn man über einen längeren Zeitraum

 .

sind meist der Grund der zu geringen Nahrungsaufnahme.

Das Krankheitsbild der Magersucht muss   behandelt werden.

3 Mit dem Body-Mass-Index (BMI) kann das Normalgewicht ermittelt werden. (Verhältnis des Körpergewichts zur Körpergröße)

Geben Sie die Formel für den BMI an. Berechnen Sie Ihren Body-Mass-Index:

$$BMI = \frac{}{} \qquad BMI = \frac{}{} = \frac{}{} = $$

Markieren Sie Ihre Gewichtsstufe:

Untergewicht: BMI = kleiner als 18,5   Normalgewicht: BMI = 18,5 bis unter 25

Übergewicht: BMI = 25 bis unter 30   Fettsucht: BMI = größer als 30

Bei einem Kunden wurde vor kurzer Zeit die Zuckerkrankheit festgestellt. Er möchte von Ihnen wissen, welche Erzeugnisse der Bäckerei/Konditorei für ihn geeignet sind und welche er besser meiden sollte.
Immer mehr Kunden fragen nach den Zutaten in den Bäckerei-/Konditoreiwaren, wegen Lebensmittelallergien und Lebensmittelintoleranzen. Beraten Sie die Kunden gewissenhaft, weil schon kleine Mengen unverträglicher Lebensmittel Krankheiten auslösen.

LF 1.3

1 Was geschieht, wenn sich zu wenig Zucker im Blut befindet.

Ein Hormon im Körper regelt, dass der Zuckergehalt im Blut ständig gleich bleibt, nicht zu hoch und nicht zu niedrig. Nennen Sie dieses Hormon, das bei Diabetikern fehlt oder nicht richtig funktioniert.

2 Nennen Sie Beispiele von Bäckerei-/Konditoreierzeugnissen, die für Diabetiker wie folgt geeignet sind.

Begründen Sie die Beispiele, indem Sie die Sätze vervollständigen.

gut geeignet: ballaststoffreiche Erzeugnisse	geeignet: stärkehaltige Erzeugnisse mit Berechnung	nicht geeignet: zuckerreiche Erzeugnisse
Begründung:	**Begründung:**	**Begründung:**
Die _____ verzögern den Übergang des Traubenzuckers in die Blutbahnen. Der Traubenzucker kommt deshalb _____ und _____ in die Blutbahnen.	Die _____ der Lebensmittel wird bei der Verdauung schrittweise zu Traubenzucker abgebaut. Der Traubenzucker geht deshalb _____ und _____ in die Blutbahnen über.	Der _____ geht bei der Verdauung schnell in die Blutbahnen über. Der Blutzuckerspiegel _____ und wird _____.

3 Erklären Sie die Begriffe Lebensmittelallergie und Lebensmittelunverträglichkeit (Lebensmittelintoleranz), indem Sie den Text mit folgenden Wörtern ergänzen.

> • Krankheit • Krankheiten • Lebensmitteln • Lebensmittels • Umwelt • Stoffe
> • Unverträglichkeit • Abwehrsystem

Bei einer Lebensmittelallergie schwächen bestimmte _____ in _____

oder aus der _____ das _____ (Immunsystem) im Körper. Der

Körper reagiert mit Unwohlsein, meist mit _____ .

Eine Lebensmittelintoleranz ist eine von Geburt an chronische (dauerhafte) _____

eines bestimmten _____ , das beim Verzehr eine _____ auslöst.

4 Nennen Sie Lebensmittel, auf die viele Menschen allergisch reagieren.

Name: Klasse: Datum:

Marketing

Bei einer Betriebsversammlung informiert der Chef Sie und Ihre Kollegen über Marketing in der Bäckerei/Konditorei und erläutert, dass alle Beschäftigten mithelfen müssen, das Marketingziel zu erreichen. Nach der Betriebsversammlung diskutieren Sie mit Ihren Kollegen über geeignete Marketingmaßnahmen.

LF 1.3

1 Definieren Sie, was man unter Marketing versteht.

2 Beschreiben Sie, wie ein Betrieb das Marketingziel erreicht, möglichst viele Waren gewinnbringend zu verkaufen.

Das Marketingziel wird erreicht:

-
-

-

3 Damit das Marketingziel erreicht wird, werden für den Betrieb individuelle Marketingkonzepte erstellt. Geben Sie wichtige Marketingkonzepte für Bäckereien und Konditoreien an.

Aussehen von Laden und Café:

Waren, die die Kunden erwarten:

Marketingkonzepte

Verkaufspersonal:

Preisniveau der Waren:

4 Nach dem Festlegen der Marketingkonzepte, werden Maßnahmen für einen erfolgreichen Verkauf ergriffen. Nennen Sie Marketingmaßnahmen, die eine Bäckerei/Konditorei ergreifen sollte.

Damit Kunden mit dem Warenangebot zufrieden sind:

Damit den ganzen Tag über beste Waren angeboten werden können:

Marketing- maßnahmen

Damit die Waren verkaufsfördernd ausgestellt werden:

Damit die Verbraucher über den Betrieb und die Waren informiert werden

Ihre Bäckerei und Konditorei möchte eine neue Filiale mit Café eröffnen. Mit Ihren Kolleginnen und Kollegen haben Sie die Aufgabe, einen geeigneten Standort zu finden. Dabei beachten Sie auch die Mitbewerber.

LF 1.3

1 Zählen Sie erfolgversprechende Standorte für die Eröffnung eines Ladens oder eines Cafés auf.

- In belebter Gegend eines Ortes, z. B.

- In Geschäftszentren:

- Gegend, in der viele Menschen leben:

- Nähe von großen Menschenmengen, z. B.:

- Nähe von ständig gut besuchten Einrichtungen, z. B.:

- Nähe menschenreicher Betriebe, z. B.:

2 Franchisebetriebe stellen eine besondere Betriebsform dar. Beschreiben Sie diese.

Was ist ein Franchisegeber?

Was ist ein Franchisenehmer?

Die Franchisebetriebe (Filialen der Franchisegeber) übernehmen vom Großbetrieb:

3 Geben Sie die hauptsächlichen Vorteile für die Franchisegeber und Franchisenehmer an.

Vorteile für die Franchisegeber	Vorteile für die Franchisenehmer
•	•
	•
•	•

Name: Klasse: Datum:

Marketing als Mittel der Verkaufsförderung

Das Marketingziel Ihres Betriebs richtet sich nach dem Trend der Kundenbedürfnisse.
Sie suchen mit Ihrem Chef nach Marketingkonzepten (Plänen), um verkaufsfördernde Mittel zu finden, mit denen Sie die Kundenerwartungen erfüllen können.

1 Kunden, aber auch Mitarbeiter, haben Erwartungen an eine Bäckerei/Konditorei, die erfüllt werden müssen, damit die Kunden zufrieden sind und die Mitarbeiter beste Leistung erbringen. Beschreiben Sie die Mittel der Verkaufsförderung, die sich aus den unterschiedlichen Erwartungen ergeben.

Erwartungen der Mitarbeiter an den Betrieb:

-
-
-

Erwartungen der Kunden an die Waren:

-
-
-

Mittel der Verkaufsförderung

Erwartungen der Kunden an die Mitarbeiter:

-
-
-
-
-

Erwartung der Kunden an die Einrichtung des Ladens und Cafés:

-

Erwartung der Kunden an die Warenpreise:

-

2 Eine Bäckerei/Konditorei hat nur dann Erfolg, wenn sie auf die Wünsche der Kunden eingeht und diese erfüllt. Nennen Sie deshalb Möglichkeiten, wie Kundenwünsche ermittelt werden können.

-
-
-
-
-

3 Jede Bäckerei/Konditorei kann sich durch Besonderheiten einen individuellen Verkaufsvorteil gegenüber anderen Betrieben schaffen, z. B. durch Spezialitäten des Hauses. Beschreiben Sie Möglichkeiten.

-
-
-
-

-
-
-
-

handwerk-technik.de

Frische Bäckerei-/Konditoreierzeugnisse sollen Sie, bevor Sie frühmorgens den Laden öffnen, verkaufsfördernd im Laden einrichten. Dabei sollen alle Waren für die Kunden übersichtlich präsentiert werden.

1 Beschreiben Sie anhand der Abbildungen das fachgerechte Einrichten von Broten und Kleingebäcken.

LF 1.3

2 Erklären Sie anhand der Abbildungen wie Feine Backwaren in der Gebäcktheke und Kühltheke angeordnet werden.

3 Formulieren Sie die Grundregeln beim Präsentieren der Waren im Laden.

- Wie werden Waren in Brotregalen und Brötchenkörben ausgestellt sowie auf jedes Thekenblech und Tablett gelegt, damit sie für die Kunden leicht sichtbar sind?

- Wie werden nur noch einzeln vorhandene Waren ausgestellt, weil einzelne Stücke auf den Thekenblechen und Tabletts nicht verkaufsfördernd wirken?

- Wie erfüllen Sie bei den ausgestellten Waren die Preisangabepflicht?

- Wie werden angeschnittene Brote, Torten, Desserts und Kuchen ausgestellt, um den Kunden die Kaufentscheidung zu erleichtern?

Name:	Klasse:	Datum:

Sie sollen die unterschiedlichen Bäckerei-/Konditoreierzeugnisse in Ihrem Betrieb zum Ausstellen in der Verkaufstheke verkaufsfördernd belegen. Sie suchen dafür die richtigen Unterlagen zum Belegen aus.

LF 1.3

1 Benennen Sie die abgebildeten Bleche, Tabletts und Platten zum Belegen der Waren. Geben Sie die Tabletts mit dem Material an, aus dem sie bestehen.

Bleche: •

•

Tabletts: •

•

•

Platte: •

2 Was beachten Sie vor dem Belegen der Unterlagen mit Waren, damit sie werbewirksam sind?

Zustand der Bleche und Tabletts:

Hygiene:

3 Nennen Sie die Grundregel beim Belegen der Bäckerei-/Konditoreierzeugnisse auf Thekenbleche und Tabletts.

Waren platzsparend, aber übersichtlich auflegen, sodass möglichst   auf die

Thekenbleche und Tabletts passen. Die Ware darf jedoch nicht   werden.

4 Beschreiben Sie das richtige Belegen verschiedener Waren auf Thekenbleche und Tabletts.

Lockere, druckempfindliche Waren und Waren mit Füllungen und Obst auf der Oberfläche:	Stabile Gebäcke, damit möglichst viel Ware belegt werden kann:	Gebäcke in Hörnchenform, z. B. Mandelhörnchen, Nussbeugel:

5 Wie belegen Sie unempfindliche kleine Gebäcke und Pralinen auf Tabletts?

6 Beschreiben Sie, wie Gebäcke mit verschiedenen Farben in Reihen belegt werden, damit farbliche Abwechslung entsteht und begründen Sie dies.

Im praktischen Teil der Gesellenprüfung präsentieren Bäcker und Konditoren zum Schluss die hergestellten Erzeugnisse auf einem Tisch. Fachverkäuferinnen gestalten ein Schaufenster. Sie sollen das Dekorationstuch und -material farblich passend zum Motiv auswählen und gestalten.

1 Nennen Sie die Auswirkungen eines ausreichend und schön beleuchteten Ladens und Cafés.

Wirkung auf die Kunden:

Wirkung auf die Waren:

LF 1.3

2 Farben beeinflussen das Gefühl der Menschen und beleben. Vervollständigen Sie die Wirkungen der Farben in folgendem Kreuzworträtsel. (Ä, Ö und Ü bleiben Ä, Ö und Ü; ß = SS)

Waagerecht

1. Farben verändern optisch die Größen. Helle Räume erscheinen …
2. Die … der Verkäuferinnen und Bedienungen soll farblich modern und auf die Betriebsfarben abgestimmt sein.
3. Eine anregende, auffallende Farbe ist …
4. Was drückt die weiße Farbe der Berufskleidung der Bäcker und Konditoren aus?
5. Eine beruhigende Farbe, die Gemütlichkeit ausstrahlt, ist …
6. Lichtstrahlen werden auf hellen Gegenständen …
7. Helle Dekorationsfarben wie Weiß und Silber passen für …
8. Welche Farbe drückt Eleganz aus?
9. Ein Raum mit dunkler Decke wirkt …

Senkrecht

10. Wie wirkt die Entfernung von dunklen Gegenständen gegenüber hellen?
11. Personen mit dunkler Kleidung wirken …
12. Verschiedene Farben abwechselnd nebeneinander ergeben einen schönen …
13. Wenn Licht auf Gegenstände fällt, sieht man …
14. Welche Farbe strahlt Freundlichkeit aus?
15. Wie wirken Braun, Beige und Hellgelb in Verbindung mit Backwaren?
16. Rot ist die Farbe der …
17. Mit welcher Farbe wird das erfrischende Erwachen der Natur ausgedrückt?
18. Eine weitere beruhigende Farbe ist …

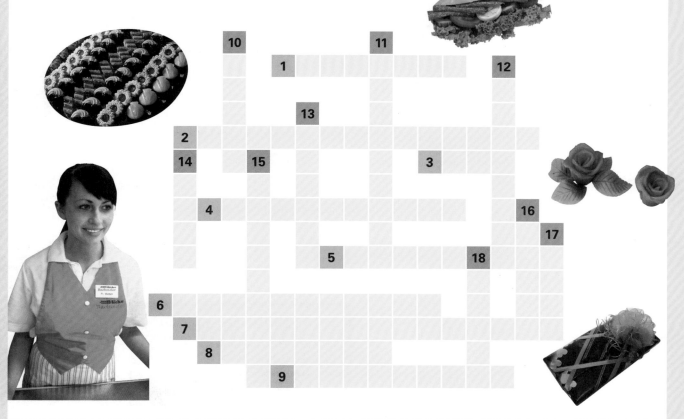

Name: Klasse: Datum:

„Werbung ist ein wichtiges Marketingkonzept unserer Bäckerei/Konditorei", sagt Ihr Chef. Sie diskutieren mit ihm im Kollegium, warum Werbung wichtig ist und welche Möglichkeiten der Werbung eine Bäckerei/Konditorei hat.

LF 1.3

1 Beschreiben Sie, warum Werbung für jeden Betrieb wichtig ist.

-
-
-

2 Die wirkungsvollste Werbung ist die „Mundpropaganda". Erklären Sie diesen Begriff.

3 Nennen Sie Voraussetzungen für eine erfolgreiche Werbung.

-
-

4 Beschreiben Sie, wie der Text der Werbung sein soll, damit die Werbeaussage als sympathisch empfunden wird. Beziehen Sie sich auf das Beispiel des Werbeplakats.

-
-
-

Früchte-desserts mit vielen frischen Waldbeeren

5 Tragen Sie in die Silbenrätsel die möglichen Werbemittel einer Bäckerei/Konditorei ein.

- Werbung im Verkauf:

Gestalten von _____   FENS – SCHAU – TERN

Schreiben von _____   BE – KA – PLA – TEN – WER

Damit können Kunden die Waren gut transportieren. Originell beschriftetes

_____   CKUNGS – MA – PA – RIAL – TE – VER

Die Kunden auf den Geschmack bringen durch _____   BEN – KOST – PRO

Günstige Preise durch _____   AN – DER – TE – GE – SON – BO

Unter einem bestimmten Motto _____

AKTIO – DURCH – NEN – REN – FÜH

- Mittel für die Öffentlichkeitswerbung:

Fit mit Snacks

Snacks - leckere kleine Mahlzeiten zwischendurch

Lassen Sie sich Ihre Snacks nach Ihren Wünschen von unserer Snackexpertin frisch belegen!

Wir halten für Sie stets frisch bereit:
- verschiedene frische, rösche Backwaren
- frische Salate, Tomaten, Gurken, Paprika
- Schinken, Salami, Schwarzgeräuchertes
- Emmentaler, Mozzarella, Camembert
- Lachs, Thunfisch, Krabben

Kommen Sie zu uns! Ihre Bäckerei/Konditorei Zuckerhut

Für eine Aktion sollen Sie für Ihre Bäckerei/Konditorei Werbeplakate schreiben. Sie richten dafür das benötigte Material her und überlegen sich, wie die Plakate am besten wirken.

1 Nennen Sie die Materialien, die Sie zum handschriftlichen Schreiben von Plakaten benötigen.

- Plakatmaterial:

- Schreibstifte:

- Stiftspitze:

- Hilfsmittel zum Schreiben:

- Hilfsmittel zum Abmessen und Schneiden:

LF 1.3

2 Dieses Werbeplakat spricht Kunden an.

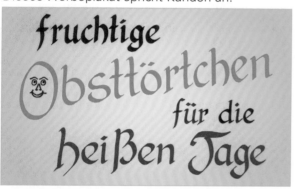

Erklären Sie, wie ein Werbeplakat aussehen soll.

- Platzeinteilung:

- Textumfang:

- Das Wichtigste im Text

- Mögliche Ergänzung auf dem Plakat, um den Text zu veranschaulichen und aufzulockern:
  - bei handgeschriebenen Plakaten:

  - bei computergeschriebenen Plakaten:

- Rechtschreibung:

- Textformulierung:

3 Beachten Sie die Grundregeln beim Schreiben von Werbeplakaten.
- Skizzieren Sie als Entwurf den Text und die Zeichnung mit einem Bleistift auf ein in der Größe des Plakats entsprechendes Blatt Papier. So werden die Schriftgröße und die Platzeinteilung ersichtlich.
- Nun wird das Plakat mit den Schreibstiften sauber geschrieben. Der Entwurf dient dabei als Vorlage.
- Damit die Buchstaben auf einer Linie geschrieben werden, kann die Grundlinie leicht mit Bleistift auf das Plakat gezeichnet werden. Diese Linien werden später mit einem weichen Radiergummi entfernt. Professioneller ist es, wenn ein Blatt auf das Plakat gelegt wird, dessen Blattrand als Grundlinie dient.
- Bleistiftstriche dürfen grundsätzlich im fertigen Werbeplakat nicht mehr sichtbar sein.

Schreiben Sie Werbeplakate im Format DIN A4 oder DIN A3 mit folgenden Textbeispielen:
- Baguettes – frisch und rösch wie in Frankreich
- Herrentorte – mit lockerer Weincreme, auch für Frauen
- Müsliriegel – gesund und fit, den ganzen Tag
- Salatteller – knackig-frisch wie aus dem Garten

Beispiel:

> Müsliriegel-
> gesund und fit,
> den ganzen Tag

Name:	Klasse:	Datum:

LF 1.3

Sie sollen in Ihrer Bäckerei/Konditorei handschriftlich Plakate für die bevorstehende Aktion schreiben. Auch die Preisschilder für die ausgestellten Waren müssen erneuert werden.

1 Benennen Sie die zwei verschiedenen Werbeplakate.

2 Erstellen Sie Plakate in den Formaten DIN A4 und DIN A3 mit den unten stehenden Texten.

- Frühjahrsdiät – nur mit ballaststoffreichen Vollkornbroten
- Sahnejoghurtdesserts – eine leichte Verführung
- Pralinen – eine Köstlichkeit unseres Hauses

- himmlische Weihnacht – mit Butterstollen 1 kg 19,50 €
- bekömmliche, lockere Croissants
- zartes, köstliches Teegebäck 100 g € 2,30

3 Preisschilder sind kleine Informationsschilder, die den Namen des Erzeugnisses und den Preis enthalten. Sie werden im Prinzip wie Plakate geschrieben.

Schriftfarbe: Leicht lesbare Schrift, ohne Schnörkel:

Platzierung des Warennamens:

4 Schreiben Sie Preisschilder mit den üblichen Formaten von 10 × 5 cm und 12 × 6 cm. Bei doppelter Größe, 10 × 10 cm und 12 × 12 cm können die Preisschilder auch als Kärtchen aufgestellt werden. Sie können sich dabei die Einteilungsbeispiele mit Grundlinien und Schrifthöhen zu Hilfe nehmen.
- Die Grundlinien leicht mit Bleistift in das Preisschild einziehen.
- Den Text mit Bleistift leicht skizzieren.
- Den Text mit schwarzem Stift schreiben.
- Die Bleistiftlinien zum Schluss radieren. Sie dürfen nicht mehr sichtbar sein.

Preisschild mit zwei Zeilen/Grundlinien   Preisschildbeispiel mit Grundlinien und Schrifthöhen

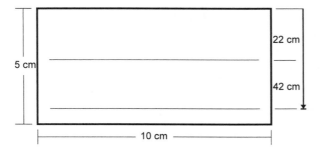

Preisschild mit Grundpreisangabe erfordern drei Zeilen   Preisschildbeispiel mit Grundpreisangabe

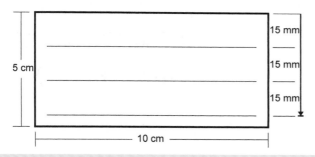

Nonverbale und verbale Ausdrucksweise beim Verkauf

Bei einer Fortbildungsveranstaltung werden Verkaufsgespräche geübt. Die Aufgabe ist es, bereits beim Eintritt der Kunden mit der Körpersprache Sympathie zu gewinnen und mit der Sprache bei den Kunden anzukommen.

LF 1.3

1 Während des gesamten Verkaufsvorgangs beeinflusst die Körpersprache (nonverbale Ausdrucksweise) den Kunden und somit den Verkaufserfolg. Vervollständigen Sie anhand der Abbildung die nonverbalen Ausdrucksweisen einer Fachverkäuferin, die die Kunden positiv beeindrucken.

Körperhaltung:

Erscheinungsbild:

Gesichtsausdruck:

den Kunden beim Gespräch

_____ unterstützt das Gesprochene, z. B. auf die Ware zeigen, die gerade besprochen wird.

Kunden sehen an der _____, was die Verkäuferin denkt.

2 Was kann das Verkaufspersonal an der nonverbalen Ausdrucksweise der Kunden erkennen?

Die Mimik (Gesichtsausdruck) und Gestik verraten die _____ und

_____. Vorteil für die Verkäuferin:

_____

3 Die Sprache (verbale Ausdrucksweise) der Verkäuferin soll deutlich sein und auf die Kunden angenehm wirken. Beschreiben Sie, wie die Sprache sein sollte.

* _____
* _____
* _____

GUTEN TAG, FRAU SCHÖNE. WAS WÜNSCHEN SIE BITTE?

4 Beschreiben Sie, wie sich die innere Einstellung der Verkäuferin auf die Sprache und Mimik auswirkt.

zufriedenes Verkaufspersonal:

unzufriedenes Verkaufspersonal:

Die Körpersprache und das Gesprochene sollen sich _____.

5 Wie reagieren Sie, wenn Sie mit Ihrer Kollegin ein betriebliches Gespräch führen und ein Kunde den Laden betritt? Kreuzen Sie die richtige Antwort an.

☐ Sie führen das wichtige Gespräch weiter und bedienen dabei den Kunden.

☐ Sie bitten den Kunden um etwas Geduld, weil Ihre Besprechung nicht mehr lange dauert.

☐ Sie beenden sofort das Gespräch und bedienen den Kunden.

Name: _____ Klasse: _____ Datum: _____

Der Verkaufsvorgang: Begrüßen, Empfehlen und Beraten

Bei einer Fortbildungsveranstaltung gliedern Sie den Verkaufsvorgang in seine einzelnen Phasen. Dabei üben Sie die Bereiche „Begrüßen" und „Erfragen des Kaufwunsches". Sie sollen auch Waren empfehlen und die Kunden beraten, wenn sie Fragen zu bestimmten Waren haben.

1 Beschreiben Sie, was die Verkäuferin bei der Begrüßung und beim Erfragen des Kaufwunsches richtig gemacht hat.

> Guten Morgen, Frau Schön, hallo Sabine. Was darf ich Ihnen anbieten?

Nonverbale Kontaktaufnahme:

Begrüßung der Kunden:

Begrüßung der Begleitperson:

Persönliche Begrüßung von bekannten Kunden

Erwachsene: Kinder:

Ermittlung des Kaufwunsches:

2 Immer mit derselben Frage nach dem Kaufwunsch zu fragen, wirkt mechanisch und gleichgültig. Nennen Sie vier verschiedene Fragesätze.

3 Manchmal benötigen die Kunden den Rat des Verkaufspersonals, wenn sie nicht wissen, welche Waren Sie in Ihrer Bäckerei/Konditorei führen oder welche Waren für einen bestimmten Anlass passen.
Zum Beispiel möchte eine Kundin für das Kaffeetrinken mit ihren Freundinnen verschiedene Erzeugnisse. Kreuzen Sie die möglichen Antworten an.

☐ An welche Waren hätten Sie dabei gedacht, damit ich Ihnen das Beste anbieten kann?

☐ Was essen Ihre Gäste gerne? Wir haben alles für Sie da, sodass wir alle Wünsche erfüllen können.

☐ Zum Kaffee eignen sich frische Plundergebäcke mit verschiedenen Füllungen und fruchtige Obstschnitten. Aber auch die lockeren Sahnedesserts und die Cremetorten kann ich Ihnen empfehlen.

☐ Damen essen gerne Sahnetorten. Ich würde verschiedene Stücke nehmen, für jeden Geschmack etwas.

☐ Dafür könnte ich Ihnen eine gemischte Platte zusammenstellen, z.B. mit Streuselkuchen und Bienenstich, dazu Obsttörtchen mit verschiedenen Früchten sowie Käsekuchen und schmackhafte Sahne- und Cremedesserts.

4 „Wie schmecken die Schaumrollen?", fragt ein Kunde. „Schaumrollen schmecken gut", antwortet die Verkäuferin. Warum sind Kunden mit diesem oder einem ähnlichen Verkaufsargument unzufrieden?

Geben Sie eine gut verständliche Auskunft über die Schaumrollen, indem Sie die Verkaufsargumente ergänzen.

Gebäck außen: Schaumrollen sind

Füllung und Geschmack: gefüllt mit

handwerk-technik.de

Verkaufsargumente bei der Kundenberatung

Beim Verkaufsvorgang haben Kunden manchmal Fragen zu den Erzeugnissen der Bäckerei und Konditorei. Sie sollen die Kunden mit gut verständlichen Verkaufsargumenten beraten.

1 „Woraus besteht Ihr Mehrkornbrot?", fragt ein Kunde. Sie antworten als Fachkraft:
„Unser Mehrkornbrot ist ein Vollkornbrot aus mehreren Getreidearten wie Weizen, Roggen, Dinkel, Hafer und Gerste. Zusätzlich sind noch gesunde Ölsamen wie Leinsamen und Sonnenblumenkerne enthalten. Durch die Verarbeitung der vollen Getreidekörner enthält dieses Brot viele Mineralstoffe und Vitamine sowie einen hohen Anteil an Ballaststoffen, die besonders verdauungsfördernd sind."

Tragen Sie stichwortartig zusammen, welche Informationen der Kunde zu folgenden Bereichen erhält.

Zutaten:

Gesundheitswert:

LF 1.3

2 Beschreiben Sie, welche Informationen die folgenden Verkaufsargumente für Bienenstich enthalten.

Verkaufsargumente bei der Beratung	enthaltene Informationen
Bienenstich besteht aus **Hefeteig**.	**rosa:**
Die **lockere Füllung** ist eine Mischung aus **Vanillecreme und Schlagsahne**.	**grün:**
Der dünne **Aufstrich** besteht aus **karamelisierten, gehobelten Mandeln**.	**blau:**

3 Ergänzen Sie die Auskunft zu folgenden Kundenfragen:

Kundenfrage	„Wie lange sind Croissants frisch? Kann ich sie im Voraus kaufen?"	„Wie lange kann ich Pralinen zu Hause aufbewahren?"
Antwort des Verkaufspersonals	Croissants schmecken _____ am besten. Sie verlieren bis zum nächsten Tag die _____ , feinsplittrige Beschaffenheit.	„Pralinen sollen in einem _____ Raum bei ca. 18 °C aufbewahrt werden. So behalten sie _____ Zeit ihre Frische. Außerdem schmeckt Schokolade nur in _____ Zustand."

4 Nennen Sie die Verkaufsargumente, die für Bäckerei-/Konditoreierzeugnisse gegeben werden können.

„Wie schmecken die Bäckerei-/Konditoreierzeugnisse?"

AN - BEN - GA - SCHMACKS - GE

„Welche besondere Beschaffenheit haben die Bäckerei-/Konditoreierzeugnisse?"

LE - LI - MA - MERK - QUA - TÄTS

„Woraus bestehen die Bäckerei-/Konditoreierzeugnisse?"

TA - TEN - ZU

„Tragen die Bäckerei-/Konditoreierzeugnisse zu einer gesunden Ernährung bei?"

GE - HEITS - SUND - WERT

„Wie lange behalten die Bäckerei-/Konditoreierzeugnisse ihre Qualitätsmerkmale?"

HAL - FRISCH - TUNG

Name:	Klasse:	Datum:

Zum Schluss der Fortbildungsveranstaltung üben Sie das Kassieren, das für die Kunden über-
sichtlich und unmissverständlich erfolgen muss. Anschließend verabschieden Sie die Kunden,
sodass diese zufrieden den Laden verlassen.

LF 1.3

1 Beschreiben Sie das korrekte Kassieren.
Bringen Sie folgende Arbeitsschritte in die richtige Reihenfolge.

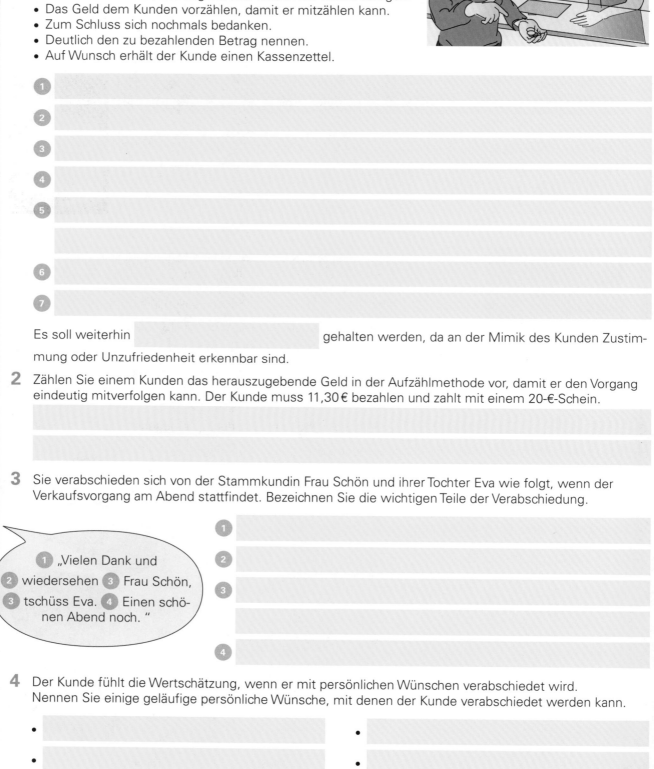

- Hat der Kunde akzeptiert, den abgelegten Geldbetrag in die Kasse legen.
- Den Geldbetrag vom Kunden nehmen und sich bedanken.
- Den erhaltenen Geldbetrag sichtbar neben der Kasse ablegen.
- Das Geld dem Kunden vorzählen, damit er mitzählen kann.
- Zum Schluss sich nochmals bedanken.
- Deutlich den zu bezahlenden Betrag nennen.
- Auf Wunsch erhält der Kunde einen Kassenzettel.

1

2

3

4

5

6

7

Es soll weiterhin _____ gehalten werden, da an der Mimik des Kunden Zustim-

mung oder Unzufriedenheit erkennbar sind.

2 Zählen Sie einem Kunden das herauszugebende Geld in der Aufzählmethode vor, damit er den Vorgang
eindeutig mitverfolgen kann. Der Kunde muss 11,30 € bezahlen und zahlt mit einem 20-€-Schein.

3 Sie verabschieden sich von der Stammkundin Frau Schön und ihrer Tochter Eva wie folgt, wenn der
Verkaufsvorgang am Abend stattfindet. Bezeichnen Sie die wichtigen Teile der Verabschiedung.

1 „Vielen Dank und 2 wiedersehen 3 Frau Schön, 3 tschüss Eva. 4 Einen schö-nen Abend noch. "

1

2

3

4

4 Der Kunde fühlt die Wertschätzung, wenn er mit persönlichen Wünschen verabschiedet wird.
Nennen Sie einige geläufige persönliche Wünsche, mit denen der Kunde verabschiedet werden kann.

Sie sollen für den Laden die speziellen Verpackungsmaterialien für die Erzeugnisse herrichten, damit die Kunden die Waren sauber und unbeschädigt nach Hause bringen können.

1 Alle Waren werden den Kunden verpackt überreicht. Beschreiben Sie die Vorteile der Verpackung für die Waren.

Transport der Waren erfolgt •

•

In Folie/Folientüten verpackte Waren

Bedrucktes Verpackungsmaterial ist

2 Geben Sie Verpackungsmaterialien an, die meistens für folgende Backwaren verwendet werden.

Brötchen und andere Kleingebäcke:

Stangenweißbrote und Baguettes:

Brote:

Stückgebäcke aus Hefeteig, Plunder- und Blätterteig, Mürbeteig:

Berliner und andere Siedegebäcke:

3 Nennen Sie das Verpackungsmaterial für Torten, Desserts und Schnitten.

Unterlage:

zwischen den Stücken:

Verpackungsmaterial außen:

4 Kreuzen Sie die richtigen Antworten an.

Backwaren in Papiertüten verpackt halten durch die Verpackung länger frisch.

Papiertüten und Rollenpapier sind luftdurchlässig und verlängern deshalb nicht die Frischhaltung der Waren. Sie dienen nur der Verpackung.

Fettabweisende Tüten und Trennpapiere schützen das Fett in den Erzeugnissen.

Fettabweisende Tüten und Trennpapiere sind beschichtet und weichen deshalb nicht durch.

Pappteller werden als Unterlage für weiche, druckempfindliche Erzeugnisse verwendet.

Pappteller werden grundsätzlich für alle Feinen Backwaren verwendet, damit sie stabil verpackt werden können.

5 Beschreiben Sie das Einschweißen von Bäckerei-/Konditoreierzeugnissen in Schrumpffolien und was dabei passiert.

•

•

•

Name:	Klasse:	Datum:

Torten abschneiden und Hohlpakete herstellen

Sie sollen einer neuen Kollegin das fachgerechte Schneiden von Torten- und Dessertstücken zeigen und anschließend die Tortenstücke, Desserts und Schnitten zusammen mit ihr verpacken.

LF 1.3

1 Beschreiben Sie die Geräte und das fachgerechte Abschneiden von Tortenstücken und Schnitten.

Geeignetes Tortenmesser:

Das Tortenmesser ist geeignet zum

_____ und _____ .

Inhalt im Messerbehälter:

Entnehmen des Tortenmessers aus dem Messerbehälter:

Begründung, warum das Tortenmesser nach jedem Schnitt in den Wasserbehälter getaucht wird:

Haltung des Tortenmessers beim Abschneiden von Tortenstücken und Schnitten:

Technik des fachgerechten Schneidens:

Ansetzen des Tortenmessers beim Anschneiden einer ganzen Torte, damit das Mittelstück des ersten Tortenstückes nicht hängen bleibt:

Maßnahme, damit die Tortenstücke auf dem Pappteller nicht zusammenkleben und die Kunden sie problemlos vom Pappteller nehmen können:

Auflegen von zwei und mehreren Tortenstücken auf einen Pappteller:

2 Füllen Sie den Lückentext über das Verpacken von Torten und Desserts mithilfe der folgenden Silben aus.

BE – BEN – CHE – CHEN – CKUNGS – DIGT – FLÄ – HOHL – KET – KLE –
OBER – PA – PA – PA – PIER – REN – SCHÄ – UN – VER – WA – WEI

Torten, Desserts und Schnitten mit Schlagsahne, Creme oder Obst werden mit einem

_____ verpackt. Das Typische bei dieser Verpackungsart ist ein kleiner Hohlraum zwischen der

_____ und dem _____ . Dadurch

_____ die Waren nicht am Verpackungspapier an und _____ das Papier nicht durch. Auch nach

dem Auspacken bei den Kunden sind die Waren _____ und sehen schön aus.

LFGB: Lebensmittel, Lebensmittelzusatzstoffe, Bedarfsgegenstände

Gesundheitsbewusste Kunden bevorzugen Lebensmittel ohne künstliche Zusatzstoffe. Bei der Kundenberatung sollen Sie die Bedeutung der Lebensmittelzusatzstoffe erklären.

1 Gesetze und Verordnungen für Lebensmittel sind im LFGB festgeschrieben.

„LFGB" ist die Abkürzung für _____ .

2 Das LFGB legt wichtige Begriffe eindeutig fest. Beschreiben Sie diese.

Lebensmittel: _____

_____

_____

Lebensmittelzusatzstoffe: _____

_____

_____

Brezellauge®
NATRIUMHYDROXID E 524
aus quecksilberfreier Rohware
Zutaten: Wasser, Natronlauge 38% NaOH.
VERARBEITUNGSHINWEIS: Zum Tauchen von Teiglingen auf nicht
mehr als 4% NaOH mit Wasser verdünnen: 1 kg Lauge / 9-12 kg Wasser.

3 Lösen Sie das folgende Rätsel zum Thema Lebensmittelzusatzstoffe.
Das Lösungswort ist eine weitere Zusatzstoffgruppe. (Ä, Ö und Ü bleiben Ä, Ö und Ü; ß = SS)

1. Es lockert Kuchen.
2. Sie färben Erzeugnisse.
3. Sie süßen stark und haben keine Kalorien.
4. Sie gibt die Farbe und den Geschmack auf Laugengebäcken.
5. Sie mischen Fett und Wasser in Convenience-Produkten.
6. Sie binden das Wasser für den Geleeguss auf Obsttorten.
7. Sie befinden sich in Backmitteln und fördern den Zuckerabbau.
8. Sie verlängern die Haltbarkeit der Waren.

4 Nennen Sie die Voraussetzung für die Zulassung und Verwendung von Lebensmittelzusatzstoffen. _____

5 Ergänzen Sie die Definition des Begriffs „Bedarfsgegenstände" im LFGB.

Es sind _____ , die beim Herstellen, beim Verkauf sowie beim Verzehr von Lebensmit-

teln _____ werden und dabei mit Lebensmitteln in _____ kommen.

6 Geben Sie an, wie das LFGB die Verbraucher in Bezug auf die Lebensmittel schützt.

Schutz _____	Schutz _____
• Anforderung an die Lebensmittel für die Verarbeitung und beim Verkauf:	Erkennung der Qualität oder geringwertigerer Rohstoffe in Waren für die Verbraucher:
• Anforderung bei der Bearbeitung, Lagerung und beim Verkauf der Lebensmittel:	

Name: _____ Klasse: _____ Datum: _____

Leitsätze und Herkunftsbezeichnungen

Die lebensmittelrechtlichen Bestimmungen für Bäckerei- und Konditoreierzeugnisse mit bekannten Bezeichnungen sind in den Leitsätzen geregelt. Sie sollen bei einer Fortbildung die Begriffe „Bezeichnung", „Leitsätze" und „Herkunftsbezeichnung" erklären.

1 Erklären Sie den Begriff „Bezeichnung" von Bäckerei-/Konditoreierzeugnissen, z. B. Sauerteigbrot oder Sachertorte, wie er in den Leitsätzen beschrieben wird.

2 Geben Sie bekannte Bezeichnungen an, unter denen sich die Verbraucher folgende Zusammensetzungen der Waren vorstellen.

- Brote mit 70 % Weizenmehl und 30 % Roggenmehl:

- Lockere Hefeteiggebäcke, in die Ziehfett touriert wurde:

- Buttercreme mit mindestens 5 % Schokolade:

- Schwarzwälder Kirschtorte schmeckt deutlich nach .

- Feine Backwaren, die längere Zeit lagerfähig sind:

3 Folgender Text erklärt die Gesetze und Verordnungen sowie Leitsätze. Ergänzen Sie den Text mit folgenden Wörtern:

> Bäckerei-/Konditoreierzeugnisse – eingehalten – Verbraucher – genau eingehalten – Lebensmittelkontrolle – Qualität – Verbraucher – Zusammensetzung – Rohstoffe

Gesetze und Verordnungen müssen wie vorgeschrieben   werden.

Leitsätze bestimmen die Mindestanforderungen bekannter   und

                   , um deren Qualität zu sichern. Die Leitsätze

müssen eingehalten werden, damit sich die   auf die erwartete

                   und   der Waren verlassen

können. Bei einer   wird untersucht, ob die Bestimmungen

der Leitsätze für Bäckerei-/Konditoreierzeugnisse   werden.

4 Herkunftsbezeichnungen sind rechtlich geschützt, sodass die Erzeugnisse in dem genannten Gebiet hergestellt werden müssen. Nennen Sie bekannte Herkunftsbezeichnungen.

Lebkuchen: Stollen:

Marzipan: Verbotene Bezeichnung:

Erzeugnisse mit beliebigen Gebietsnamen werden zu Herkunftsbezeichnungen

mit den Worten   oder   ,

z. B.   .

Ohne Ankündigung erscheint in Ihrem Betrieb die Lebensmittelüberwachung. Ihr Chef führt die Kontrolleure durch alle Betriebsräume. Die Kontrolleure nehmen sogar Proben von Erzeugnissen mit. Ihre Kollegin fragt Sie, ob die Kontrolleure diese Rechte hätten.

1 Ergänzen Sie den Lückentext mit folgenden Wörtern:

Auskunft – Beschwerden – Gewerbeaufsichtsamt –
Hygienevorschriften – jederzeit – eingehalten –
Lebensmittelkontrolleuren – Routinekontrolle –
unangemeldet – unterstützen – verpflichtet

Die Lebensmittelüberwachung erfolgt durch das örtliche

von fachlich ausgebildeten . Sie prüfen zum

Schutz der Gesundheit die . Deshalb sind sie berechtigt,

die Lebensmittelbetriebe zu kontrollieren, damit die Gesetze, Verordnungen und

Leitsätze werden. Die Kontrollen erfolgen in ge-

wissen Abständen als oder als Kontrolle bei .

Der Betriebsinhaber und die Beschäftigten sind , die Arbeit der Kontrolleure

zu und wahrheitsgetreue zu geben.

2 Nennen Sie die drei Gruppen, in die die Hygiene in der Bäckerei/Konditorei eingeteilt wird, und geben Sie an, was jeweils geprüft wird.

Gruppen der Hygiene in der Bäckerei/Konditorei		
Geprüft wird die Sauberkeit der • _____ , • _____ _____ , • _____ , • _____ , • _____ .	Geprüft wird die Vollständigkeit und Sauberkeit der • _____ . Geprüft werden die Bescheinigungen über die • _____ , _____ ,	Geprüft wird der für die Gesundheit einwandfreie Zustand der • _____ und deren ordnungsgemäße • _____ sowie der hygienische Umgang mit den Rohstoffen in Bezug auf • _____ und • _____ .

3 Wie wird die Einhaltung der Leitsätze bei den Waren überprüft und festgestellt?

_____

_____

_____

_____

4 Beschreiben Sie, was die Lebensmittelkontrolleure im Verkauf prüfen.

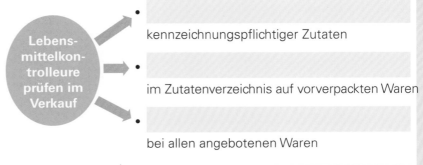

• _____ kennzeichnungspflichtiger Zutaten

• _____ im Zutatenverzeichnis auf vorverpackten Waren

• _____ bei allen angebotenen Waren

Name:

Klasse:

Datum:

Bei einer Kontrolle der Lebensmittelüberwachung wurde eine unzureichende Preisauszeichnung beanstandet. Ihre Betriebsleitung beauftragt Sie deshalb, die Waren nach der Preisangaben-verordnung im Laden und im Café auszuzeichnen.

LF 1.3

1 Ergänzen Sie den Satz zur Preisangabenpflicht.
Alle Erzeugnisse, die den Kunden angeboten werden,

Die Preisangaben in der Bäckerei/Konditorei sind grundsätzlich Endpreise. Erklären Sie den Begriff.

2 Die abgebildeten Preisschilder entsprechen nicht der Preis-angabenverordnung. Beschreiben Sie, welche Anforderungen die Preisangabenverordnung an die Preisschilder stellt.

Wie können Kunden erkennen, zu welcher Ware das Preis-schild gehört?

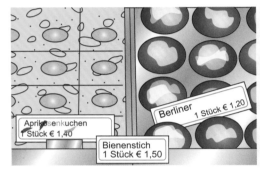

Wo darf das Preisschild aus hygienischen Gründen nicht an-gebracht werden?

Wie lautet die Vorschrift, damit ein Preisschild zur Kundeninformation wahrgenommen werden kann?

3 Erläutern Sie anhand der Preisschilder die „Grundpreisangabe", die die Preisangabenverordnung vorschreibt.

Welche Preisangaben sind bei Bäckerei-/Konditoreierzeugnissen, die nach Gewicht oder Volumen verkauft werden, vorgeschrieben?

Spritzgebäck
250 g € 5,50
100 g 2,20 €

Dinkelbrot
750 g 2,40 €
1 kg € 3,20

Für welche Einheiten darf der Grundpreis auch angegeben werden, wenn das Gewicht oder Volumen bis zu 250 g bzw. 250 ml beträgt?

Wie lautet die Vorschrift, damit Kunden nicht vom Grundpreis getäuscht werden?

4 Nennen Sie die Vorteile der Preisauszeichnung für die Kunden.

-
-
-

Sie sollen für den Verkauf vorverpackte Waren (Fertigpackungen) mit Etiketten deklarieren, so wie es die Lebensmittelinformations-Verordnung (LMIV) vorschreibt.

LF 1.3

1 Erklären Sie den Begriff „**vorverpackte** Bäckerei- und Konditoreierzeugnisse" nach der Lebensmittelinformations-Verordnung.

2 Benennen Sie die gesetzlich vorgeschriebenen Kennzeichnungen auf vorverpackten Lebensmitteln sowie Bäckerei- und Konditoreierzeugnissen, damit die Kunden ausreichend informiert werden.

Nusskuchen

Zutaten:
Eier, Butter, Zucker, Haselnüsse (15 %), Weizenmehl, Weizenstärke, Backpulver, natürliche Aromen, Salz

Allergene, unverträgliche Zutaten:
glutenhaltiges Weizenmehl/-stärke, Eier, Haselnüsse

Nährwert von 100 g Nusskuchen:
- 1 765 kJ (422 kcal)
- 28 g Fett, davon
  17 g gesättigte Fettsäuren
- 36 g Kohlenhydrate,
  davon 24 g Zucker
- 8 g Eiweiß
- 0,1 g Salz

Gebäckewicht:
400 g
mindestens haltbar
bis 12.10. …

Bäckerei/Konditorei Süßmilch
Bogenweg 135 · 27546 Salzhagen

3 Wie müssen Kunden bei vorverpackten Bäckerei- und Konditoreierzeugnissen informiert werden, wenn sie vor dem Verkauf tiefgefroren wurden und in aufgetautem Zustand verkauft werden?

Mit der Angabe:

Werden für die Waren tiefgefrorene Zutaten verwendet, ist   Auftauhinweis erforderlich.

4 Beschreiben Sie die Reihenfolge der Zutaten im Zutatenverzeichnis auf vorverpackten Waren.

5 Zusammengesetzte Zutaten bestehen selbst aus mehreren Zutaten. Nach der Angabe der zusammengesetzten Zutaten müssen diese Zutaten einzeln im Zutatenverzeichnis der vorverpackten Waren aufgeführt werden. Nennen Sie diese in folgenden Beispielen.

- Marzipanrohmasse:
- Sauerteig:
- Aprikosenkonfitüre:
- Eiweißglasur:

6 „QUID" (**Qu**antitative **I**ngredients **D**eclaration) ist die prozentuale Mengenangabe von Zutaten im Zutatenverzeichnis vorverpackter Waren. Beschreiben Sie nach den vorgegebenen Gebäckbeispielen, warum hier eine QUID-Angabe vorgeschrieben ist.

Nusskuchen, Buttergebäcke, Mandelmakronen, Mohnstollen, Honigkuchen, Früchtebrote:

Nennen Sie eine weitere Vorschrift der QUID-Angabe, z. B. bei der Angabe „mit besonders viel Erdbeeren" oder bei einem Erdbeerbild.

Name: Klasse: Datum:

Eine Kollegin möchte das Zutatenverzeichnis und die Nährwertdeklaration auf vorverpackten Waren weglassen, weil viele Kunden dann diese Waren ablehnen. Sie macht außerdem den Vorschlag einfach das Mindesthaltbarkeitsdatum auf den Fertigpackungen zu verlängern, damit die Waren nicht so schnell aus dem Verkauf genommen werden müssen. Sie geben die fachgerechte Auskunft.

LF 1.3

1 Die Bestandteile der vorverpackten Waren werden als Zutaten und nicht als Rohstoffe bezeichnet. Unterscheiden Sie die Begriffe Rohstoffe und Zutaten.

Rohstoffe sind:

Zutaten können sein:

2 Unterstreichen Sie die Gewichtseinheit, in der die Nährwertkennzeichnung bei vorverpackten Waren erfolgt.

Gewichtseinheit der Ware: 100 g   250 g   500 g   750 g   1 000 g

3 Beschreiben Sie, was bei der Nährwertkennzeichnung auf vorverpackten Waren der Reihe nach angegeben werden muss.

Brennwert in

Nährstoffe: •   , davon

•   , davon

•

Würzstoff:

Müsliriegel Haselnuss	Durchschnittliche Nährwerte	
Zutaten: Vollkorngetreideflocken (**HAFER- 23%, GERSTEN- 5%, WEIZEN-5%**), Glukose-Fruktose-Sirup, Getreideerzeugnis (**WEIZENMEHL 10%**, Zucker, Maismehl 2%, Reismehl 2%, **GERSTEN-MALZ**, Salz, Karamellzuckersirup), **HASELNÜSSE 10%**, Glukosesirup, Zucker, Cornflakes (Mais 7%, Salz, **GERSTEN-MALZEXTRAKT**), Kokosfett, Honig 1%, Salz, Karamellzuckersirup, Emulgator Lecithine, natürliches Aroma.		pro 100 g / pro Riegel
	Energie	1807 kJ/430 kcal / 449 kJ/107 kcal
	Fett	15,3 g / 3,8 g
	davon ges. Fettsäuren	7,6 g / 1,9 g
	Kohlenhydrate	63,8 g / 15,9 g
	davon Zucker	26,6 g / 6,7 g
	Eiweiß	5,6 g / 1,7 g
	Salz	0,63 g / 0,15 g
25g	Mindestens haltbar bis: **13.12.20XX**	

Müsli KG, Am Weg 10, 12345 Neustadt

4 Wer legt das Mindesthaltbarkeitsdatum (MHD) für vorverpackte Waren fest?

5 Einige Kunden sind über das Mindesthaltbarkeitsdatum (MHD) verschiedener Meinung. Kreuzen Sie die richtige Aussage an.

☐ Das Mindesthaltbarkeitsdatum ist ein Verfalldatum, nach dem die Lebensmittel verdorben sind.

☐ Nach Ablauf des Mindesthaltbarkeitsdatums müssen die Lebensmittel aus dem Verkauf genommen werden, weil sie verdorben sein können.

☐ Das Mindesthaltbarkeitsdatum ist erst kurz vor dem Verderb der Lebensmittel abgelaufen.

☐ Das Mindesthaltbarkeitsdatum ist das Datum, an dem die Lebensmittel verzehrt sein müssen, weil sie ihre Geschmackseigenschaften danach verlieren.

☐ Bis zum Mindesthaltbarkeitsdatum behalten die Waren bei richtiger Aufbewahrung ihre Frischeeigenschaften. Es ist kein Verfalldatum, da die Waren auch nach dem Ablauf noch in Ordnung sein können.

6 Was versteht man nach der LMIV unter **„nicht vorverpackte Waren"**? Ergänzen Sie den Satz.

Sie werden im Laden den Kunden   angeboten und erst beim Verkauf

entsprechend   und dann den Kunden   .

7 Welche Zutaten müssen auch bei unverpackten (nicht vorverpackten) Bäckerei-/Konditoreierzeugnissen zur Gesundheitsinformation gekennzeichnet werden?

Wo müssen diese Angaben gekennzeichnet werden?

Kaufverträge

Der Chef einer Bäckerei/Konditorei erkundigt sich beim Früchtehändler, ob dieser frische Erdbeeren hat und wie viel diese kosten. Der Früchtehändler nennt den Preis. Als der Chef die Erdbeeren abholen will, sind diese verkauft. Er behauptet, dass der Früchtehändler die Erdbeeren nicht hätte verkaufen dürfen, weil ein Vertrag abgeschlossen gewesen wäre.

1 Beschreiben Sie, welche Voraussetzungen für einen Vertrag notwendig sind und wie ein Vertrag zustande kommt. Vervollständigen Sie den Lückentext.

Voraussetzung für das Zustandekommen eines Vertrags auf Seiten des Verkäufers: ⟷ Voraussetzung für das Zustandekommen eines Vertrags auf Seiten des Käufers:

LF 1.3

Wo können die Waren der Bäckerei-/Konditorei angeboten werden?

Wann ist ein Vertrag erst rechtsgültig?

Wenn der _____ dem Angebot des

Verkäufers _____ und sich dann

_____ einig sind.

Wie wird ein abgeschlossener Vertrag erfüllt?

Verkäufer:

Welche Bedeutung haben die Angaben zu den Waren, z. B. über Qualität, Menge und Preis?

Käufer:

2 Formulieren Sie Beispiele für Kaufverträge im Laden, im Café und bei telefonischer Bestellung.

Angebot einer Ware im Laden einer Bäckerei/Konditorei, z. B.:

Kundenwunsch, mit dem ein Vertrag abgeschlossen wird:

Im Café werden Getränke angeboten, z. B.

Aktion des Gasts für den Bewirtungsvertrag:

Wo findet der Gast die Warenangebote des Cafés?

Ein Kunde bestellt in einer Bäckerei/Konditorei telefonisch für Samstag um 12.00 Uhr eine Ware, z. B.

Willenserklärung der Bäckerei/Konditorei, damit ein Vertrag zustande kommt:

3 Kaufverträge können bei Bestellungen abgeschlossen werden, z. B. im Gespräch im Laden bzw. am Telefon oder mit einem Vertrag auf einer Messe, der unterzeichnet wird. Geben Sie an, wie diese beiden Vertragsformen genannt werden:

◄ **Vertragsformen** ►

4 Nennen Sie die Vertragsinhalte, die ein schriftlicher Kaufvertrag enthalten soll, um spätere Missverständnisse zu vermeiden.

-
-
-
-

Name: Klasse: Datum:

Der Lieferant bringt gerade die Lieferung zu Ihrem Bäckerei-/Konditoreibetrieb. Sie sollen die Waren annehmen und beachten dabei genau die einzelnen Schritte der Warenannahme, damit es später keine Komplikationen mit dem Lieferbetrieb gibt.

LF 1.3

1 Sie nehmen die Waren eines Lieferanten in Empfang. Tragen Sie die Bezeichnung des untenstehenden Belegs ein, den Sie vom Lieferanten erhalten. Was kontrollieren Sie mit dem Beleg?

Bäckerei- und Konditorei-Großhandel

Nr. 384267

Liefertag: 12.10. ...
Empfänger: Bäckerei/Konditorei Süßmilch

Artikel	Menge	Anzahl
Zucker	25 kg	4
Puderzucker	10 kg	2
Mandeln, gestiftelt	25 kg	1
Marzipanrohmasse	6,500 kg	3
Haselnüsse, gerieben	12 kg	1
Kakaopulver	5 kg	1
Vanillearoma	1 l	2
Eierlikör	5 l	1

Ware erhalten: Unterschrift

- Vergleich der erhaltenen Waren mit dem Lieferschein:

- Vergleich des Bestellbelegs mit dem Lieferschein:

- Zustand der Warenverpackungen:

- Zustand der Lebensmittel:

- Haltbarkeit der Lebensmittel:

- Lieferung leicht verderblicher und tiefgefrorener Lebensmittel:

2 Erklären Sie, welche Maßnahme Sie ergreifen, wenn Sie sichtbare Mängel an den Waren feststellen oder wenn zu viel Waren oder falsche Waren geliefert wurden.

3 Ein Lieferant sieht die beanstandeten Mängel ein und versichert Ihnen, dass er diese Ware umgehend durch einwandfreie Ware ersetzen wird. Sind Sie mit dieser Aussage alleine zufrieden?

4 Wie schließen Sie die Warenannahme nach der Kontrolle ab, wenn die Waren ohne Beanstandung geliefert wurden bzw. die Mängel vermerkt sind?

5 Welche Bedeutung hat die Bestätigung des Lieferscheins mit Ihrer Unterschrift?

6 Sie stellen versteckte Mängel erst später fest, z. B. matschige Dosenfrüchte. Hat die Bäckerei/Konditorei noch das Recht einer Mängelrüge, obwohl der Lieferschein bei der Warenannahme unterschrieben wurde?

Ihre Bäckerei/Konditorei hat eine große Firma zur Jubiläumsfeier beliefert. Sie sollen anhand des Angebots eine korrekte Rechnung ausstellen, die alle wichtigen Bestandteile enthält.

1 Nennen Sie die rechtlich vorgeschriebenen und kaufmännisch notwendigen Bestandteile einer Rechnung anhand des Rechnungsbeispiels, bei dem die Ladenverkaufspreise Grundlage sind.

LF 1.3

Backhaus

Bäckerei – Konditorei – Café
Brezelstraße 135, 28451 Salzstadt
Telefon: 0754/39946
E-Mail: info@backhaus.de

Firma
Vital GmbH
Rosenplatz 20
28451 Salzstadt

R.............. nr.: 64469   ....datum: 31.05. ...

Rechnungs.........: 02.06. ...

K..........nr.: 5044

Artikel	Stückzahl	Einzelpreis	Gesamtpreis
Kanapees	120	1,15 €	138,00 €
Obsttörtchen	30	1,30 €	39,00 €
Joghurtdesserts	30	1,40 €	42,00 €
Pralinenschalen	20	8,20 €	164,00 €
Käsestangen	120	0,50 €	60,00 €
Festtagstorte	1	160,00 €	160,00 €
			603,00 €
		– 15 %	90,45 €
			512,55 €
		+ 7 %	35,88 €
			548,43 €

Zahlbar innerhalb 10 Tagen mit 2 % Skonto,
innerhalb 30 Tagen ohne Abzug

Sparkasse Salzstadt
BIC: SPASDE74XXX
IBAN: DE21741500002233445566   St..........nr.: 114 680 307

2 Ermitteln Sie den Zahlungsbetrag nach Abzug des Skontos.

3 Zur Ausstellung einer Quittung können Sie Quittungsvordrucke verwenden, aber auch selbst ein Schriftstück erstellen. Geben Sie mithilfe der Quittung die Bestandteile an, die eine Quittung enthalten muss.

-
-
-
-
-
-
-
-

Quittung

Hiermit bestätige ich,

von ___Herrn Johann Mayer___

für Backwaren ___45,80 €___

(in Worten: ___fünfundvierzig Euro___)

inkl. ___7 %___ MwSt. erhalten zu haben.

BACKHAUS
BÄCKEREI – KONDITOREI
CAFE

Hamburg, 13.01. ...
___Sabine Süß___

Name: Klasse: Datum:

Ihr Chef bietet Ihnen nach erfolgreich abgelegter Gesellenprüfung an, eines seiner Cafés zu pachten. Sie erkundigen sich, ob Ihre fachliche Qualifikation nach den Bestimmungen des Gaststättengewerbes ausreicht und welche Vorschriften im Alltag beim Führen eines Cafés zu beachten sind.

1 Der Betriebsinhaber muss unter bestimmten Voraussetzungen eine Gaststättenkonzession beantragen. Was beinhaltet sie?

LF 1.3

2 Geben Sie an, ab welchem Alter alkoholische Getränke an Jugendliche abgegeben werden dürfen.

- Bier, Wein und Sekt:

- Spirituosen (enthalten mindestens 15 % vol. Alkohol):
- Bier, Wein und Sekt gemischt mit nichtalkoholischen Getränken (mehr als 1,2 % vol. Alkohol):

- Spirituosen gemischt mit nichtalkoholischen Getränken:

- alkoholfreies Bier, alkoholfreier Wein:

3 Erläutern Sie die einzelnen Voraussetzungen für die Erteilung einer Gaststättenkonzession.

Erfüllung der Arbeitsstättenverordnung für die vorgeschriebenen Räume	Persönliche Eignung, z.B. keine Vorstrafen, kein persönlicher Alkoholmissbrauch	Fachliche Eignung beim Umgang mit Lebensmitteln und Getränken, z.B. Gesellenbrief

4 Kreuzen Sie hinter den folgenden Aussagen an, ob diese beim Führen eines Cafés richtig oder falsch sind.

	richtig	falsch
Im Café gibt es nicht die Hygienevorschriften wie in der Produktion.		
Im Café dürfen einem erkennbar Betrunkenen keine alkoholischen Getränke gegeben werden.		
Ein Gast fühlt sich mit seiner Beschwerde im Recht, weil er den Wein unter dem Eichstrich gefüllt serviert bekommt.		
Um Beschwerden zu vermeiden, werden in einem Café nur Gläser ohne Eichstrich für Getränke, die ohne Flaschen serviert werden, verwendet.		
Ein Gast bestellt ein Getränk und möchte seine mitgebrachten Speisen im Café verzehren.		
Ein Gast, der sich im Café ein Stück Torte bestellt, aber nichts zu trinken, fühlt sich im Recht.		
Ein 15-jähriger Jugendlicher bestellt sich im Café in Begleitung seiner Eltern ein Bier. Sie geben ihm kein alkoholisches Getränk.		
Einer Dame ist im Terrassen-Café die Handtasche abhanden gekommen. Der Cafébesitzer erklärt ihr, dass er nicht für den Schaden haftet.		
Die Bedienung verschüttet aus Versehen Rotwein und verschmutzt die Bekleidung eines Gastes. Sie möchte für den Schaden nicht aufkommen, da keine Absicht bestand.		

Hefe – biologische Lockerung

Sie stellen einen Hefeteig mit Vorteig her. Die aufgearbeiteten Teiglinge stellen Sie in den Gärunterbrecher. Einem neuen Kollegen sollen Sie erklären, welche Lebensbedingungen die Hefe im Teig vorfindet und wie die Hefe auf verschiedene Temperaturen reagiert.

1 Backhefe ist von der Hefefabrik gezüchtete Hefe und besteht aus Zellplasma, Zellhaut, Vakuole und Zellkern. Beschriften Sie den Hefequerschnitt entsprechend und ergänzen Sie die Funktion der Bestandteile.

Durch die Poren nimmt die Hefe

Er spaltet sich bei der

auf und gibt   , wobei eine

ab.   neue   entsteht.

In dieser eiweiß- und Vitamin B-reichen

Es ist ein

finden alle Stoffwechselvorgänge statt, vor allem die für den   in der Hefe, der sich je nach Menge des Zellplasmas vergrößert und

Hefeteig wichtige   .   verkleinert.

2 Nennen Sie die Lebensgrundlagen, die die Hefezellen benötigen und die sie im Mehl vorfinden bzw. die bei der Teigbereitung zugegeben werden:

- •
- •
- •

Zur Vermehrung benötigen die Hefezellen   . Eine Hefevermehrung

in Vorteigen beginnt erst ab ca.   .

3 Beschreiben Sie, wie die Hefe bei folgenden Temperaturen reagiert.

55 bis 60 °C
beim Backen im Ofen

Das Zelleiweiß gerinnt:

30 bis 35 °C
im Gärraum

Beste Temperatur für die

2 bis 5 °C
in der Kühlung

Lebenstätigkeit:

0 bis –18 °C
im Froster

Lebenstätigkeit:

4 Geben Sie die Temperaturen in folgenden Kühlräumen an.

Gärverzögerung: Dabei wird die Hefetätigkeit stark gehemmt oder kurz eingestellt: °C

Gärunterbrechung: Dabei wird die Hefetätigkeit total eingestellt: °C

5 Beschreiben Sie, wie die Hefe zur Teigherstellung verarbeitet und in den Knetkessel gegeben wird.

6 Sie wiegen für die Teigherstellung Salz und Hefe in den Knetkessel. Erklären Sie, warum Salz nicht längere Zeit direkt mit der Hefe zusammen sein darf.

Name: Klasse: Datum:

Hefegärung, Lagerung der Hefe

Eine Kundin fragt, wie lange Hefe frisch ist und wie viel Hefe sie für Teige verwenden muss. Außerdem möchte sie wissen, wie die Hefe die Teige lockert. Sie geben ihr eine fachgerechte Antwort und erklären dabei auch den Vorgang der Hefegärung.

LF
1.4

1 Haben Hefezellen genügend Sauerstoff, vermehren sie sich. Ohne Sauerstoff gären die Hefezellen, so wie im Teig. Beschreiben Sie den Vorgang der Hefegärung.

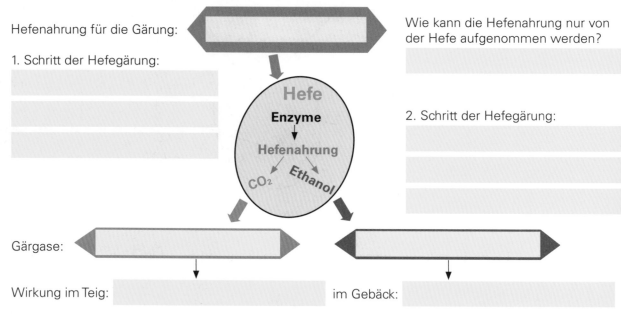

Hefenahrung für die Gärung:

1. Schritt der Hefegärung:

Wie kann die Hefenahrung nur von der Hefe aufgenommen werden?

Hefe
Enzyme
Hefenahrung
CO_2 Ethanol

2. Schritt der Hefegärung:

Gärgase:

Wirkung im Teig: im Gebäck:

2 Erklären Sie, warum eine zu große Hefemenge im Teig schnell alternde Backwaren ergibt und eine geringe Hefemenge die Frischhaltung der Backwaren erhöht. Ergänzen Sie den Lückentext.

Eine geringe Hefemenge im Teig führt zu einer   Gare. Dabei haben die Stärke und

Eiweiße des Mehls ausreichend Zeit zum   und   somit das Teigwasser.

Eine überhöhte Hefemenge im Teig führt zu einer   Gare. Durch die dadurch entstehenden

großen   und wegen des zu wenig gebundenen   entweicht das Wasser

der Backwaren   , was zu einer geringeren   der Gebäcke führt.

3 Tragen Sie die angegebenen Hefemengen ein, die auf 1 kg Mehl bei den Teigen zugegeben werden.

> 10 bis 15 g − 15 bis 25 g − 20 bis 30 g − 40 g − 60 bis 80 g − 80 bis 100 g

Weizenteige für Brötchen und Weizenbrote: Roggenbrotteig:

Weizenmisch-, Roggenmischteige: Teige für Baguettes, Ciabattas, Pizzas:

      leichte, mittelschwere Hefeteige:

schwere Hefeteige:

4 Nur frische Hefe ist triebkräftig. Beschreiben Sie, wie die Hefe gelagert wird, damit sie möglichst lange frisch bleibt.

-

-

Bei idealer Lagerung ist die Hefe   lagerfähig.

Dann verliert sie an Gärkraft. Tiefgefrorene Hefe hat deutlich weniger   .

Bei der Herstellung von Sandmasse macht Ihr Chef Sie darauf aufmerksam, dass Sie das Backpulver genau abwiegen müssen, da sonst Gebäckfehler entstehen. Er erklärt Ihnen zum besseren Verständnis die Wirkung des Backpulvers in der Masse.

1 Nennen Sie die drei Bestandteile des Backpulvers.

enthält das Lockerungsgas.

hält das Backpulver bei der Lagerung trocken.

treibt das Lockerungsgas heraus.

2 Erläutern Sie die Wirkung von Backpulver in Massen und Teigen.

LF
1.4

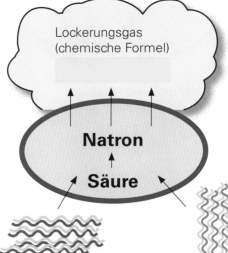

Lockerungsgas
(chemische Formel)

Natron

Säure

Name des Lockerungsgases:

Durch Feuchtigkeit und Wärme wirkt Säure auf Natron. Die Säure treibt das Lockerungsgas aus dem Natron.

bewirkt eine leichte Triebwirkung:

dadurch entsteht die volle Triebwirkung:

3 Warum wird Backpulver als chemisches Lockerungsmittel bezeichnet? Ergänzen Sie den Text.

Die Bestandteile des Backpulvers werden   zusammengestellt. Backpulver wird

deshalb bei den Zutaten in der Liste des LFGB als

aufgeführt. Wenn sich bei der Wirkung des Backpulvers in Massen und Teigen die Bestandteile des

Backpulvers zersetzen und dabei   entstehen, ist dies ein

                         Vorgang.

4 Backpulver wird für Massen verwendet, bei denen das Einschlagen von Luft zur Lockerung nicht ausreicht. Welche Massen sind dies?

Hauptsächliche Verwendung:

5 Erklären Sie, wie Backpulver bei der Massenherstellung verarbeitet wird.

6 Beschreiben Sie, wie Backpulver gelagert werden sollte, damit selbst eine leichte Triebwirkung bei der Lagerung verhindert wird.

•
•

Name: Klasse: Datum:

Sie stellen Braune Lebkuchen her. Ein Kollege fragt Sie, warum Sie dafür nicht Backpulver als Lockerungsmittel verwenden. Sie erklären ihm die positive Wirkung der beiden Lockerungsmittel, die sich für Braune Lebkuchen am besten eignen.

1 Erklären Sie, warum Hirschhornsalz und Pottasche chemische Lockerungsmittel sind.

2 Beschreiben Sie die Wirkung von Hirschhornsalz bei der Lockerung.

stechender Geruch und Geschmack

Lockerungsgas (chemische Formel)

entweicht aus dem Gebäck

Hirschhornsalz
zerfällt beim Backen durch

3 Für welche Backwaren darf Hirschhornsalz nur verwendet werden, damit das gesundheitsschädigende Ammoniak entweichen kann? Geben Sie auch ein Beispiel an.

z. B.

4 Erläutern Sie die Wirkung von Pottasche bei der Lockerung.

Lockerungsgas (chemische Formel)

schwächt den Kleber im Teig.

Die schwache Lauge beeinflusst die Braunen Lebkuchen:

Lebkuchenform:

Gebäckgeschmack:

Frischhaltung:

Pottasche
zerfällt durch

leichte Triebwirkung

starke, volle Trieb-wirkung

5 Erklären Sie, wie Hirschhornsalz und Pottasche für Braune Lebkuchen fachgerecht verarbeitet werden.

Zuerst Hirschhornsalz und Pottasche

Dann Hirschhornsalz und Pottasche

Begründung für die Verarbeitung:

LF 1.4

Physikalische Lockerung

Eine neue Kollegin wundert sich, dass beim Aufschlagen der Eier die Eiermasse einen stabilen Stand und so ein großes Volumen bekommt und dass Windbeutel so schön locker werden, obwohl keine Lockerungsmittel wie Backpulver und Hefe verwendet werden.

1 Erklären Sie die Lockerung von Eiklar beim Aufschlagen zu Eischnee. Was bewirken die schnellen Rührbewegungen des vieldrahtigen Rührbesens?

Wie entstehen der stabile Stand und das große Volumen?

LF 1.4

2 Nennen Sie Rohstoffe in der Bäckerei/Konditorei und im Café, die durch Aufblasen gelockert werden und einen stabilen Stand bekommen.

-
-

3 Beschreiben Sie, wie Butter und Margarine z. B. für Buttercremes sowie Sandkuchen und Marmorkuchen verarbeitet werden.

4 Warum vergrößert sich beim Aufschlagen das Volumen des Fetts kaum?

5 Erklären Sie die starke Lockerung der Brandmassegebäcke, obwohl die Rezeptur kein Lockerungsmittel enthält. Ergänzen Sie den Lückentext.

Rezept	
200 g Milch	
200 g Wasser	8 Teile
100 g Fett (flüssig)	Flüssigkeit
300 g Eier	
200 g Weizenmehl	2 Teile Mehl

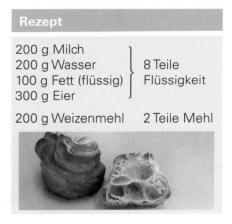

Bei der Herstellung der Brandmasse wird der hohe Anteil an

_____ (ca. 650 g) von einer geringen Menge

Weizenmehl (200 g) schwach _____. Das Wasser

wird beim Backen zu _____, der sich stark aus-

dehnt. Dadurch entsteht ein großes _____

und durch den starken Wasserdampfdruck reißen die Poren im Ge-

bäckinneren, sodass große _____ entstehen.

6 Geben Sie die beiden Lockerungsmittel der physikalischen Lockerung sowie Rohstoff- bzw. Gebäckbeispiele aus der Bäckerei/Konditorei an.

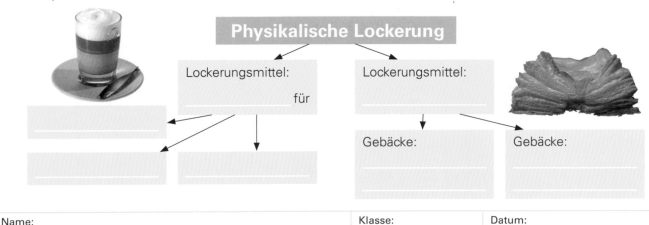

Physikalische Lockerung

Lockerungsmittel: _____

für _____

Lockerungsmittel: _____

Gebäcke: _____

Gebäcke: _____

Name:	Klasse:	Datum:

Ein Gast, der im Café ein frisches Blätterteiggebäck verzehrt hat, lobt das lockere Gebäck, bei dem sogar die blättrigen Schichten knusprig sind. Als Fachkraft können Sie ihm die Lockerung von Blätterteig erklären, die zur typischen blättrigen Beschaffenheit führt.

LF 1.4

1 Beschreiben Sie die Lockerung von Blätterteiggebäcken mithilfe der Zeichnung.

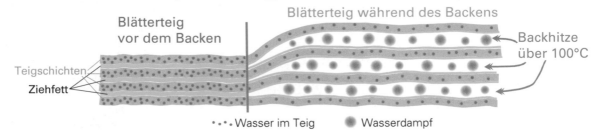

- Wie ist der Blätterteig nach dem Tourieren aufgebaut?

- Welchen Sinn hat das Ziehfett im Blätterteig für die Lockerung?

- Wie gelangen beim Backen Temperaturen über 100 °C in das Innere des Blätterteigs?

- Wie kommt es beim Backen zur Lockerung des Blätterteigs?

- Wie erhalten Blätterteiggebäcke auch im Gebäckinneren die splittrige, rösche Beschaffenheit?

2 Nennen Sie die zwei Lockerungsarten, mit denen Plunderteig gelockert wird.

Lockerungsmittel und Teigart:	Lockerungsart:
Lockerungsmittel durch Tourieren des Teigs:	Lockerungsart:

3 Bäckerei/Konditoreierzeugnisse werden biologisch, chemisch und physikalisch gelockert. Schreiben Sie den entsprechenden Anfangsbuchstaben der Lockerungsart, mit der folgende Erzeugnisse gelockert werden, in die Kästchen. B = biologische Lockerung, C = chemische Lockerung, P = physikalische Lockerung

	Biskuitgebäcke		Hefezöpfe		Windbeutel		Sandkuchen
	Braune Lebkuchen		Ciabattas		Marmorkuchen		Donuts
	Schlagsahne		Brötchen		Blätterteig		Amerikaner
	Stollen		Wiener Böden		Baisererzeugnisse		Brote
	Käsestangen		Pizzateig		Vollkornbrote		Elisen-Lebkuchen

In der Backstube Ihrer Bäckerei/Konditorei wird mit zwei verschiedenen Backöfen gebacken. Ihr Chef behauptet, dass jeder Ofen seine Vorteile habe. Im Laden der Filiale wird außerdem mit einem kleinen Backofen gebacken. Erklären Sie einem neuen Mitarbeiter die Eigenschaften und Vorteile dieser Backöfen.

Benennen Sie die gebräuchlichsten Backöfen und beschreiben Sie ihre typischen Eigenschaften.

Backofen für Klein- und Mittelbetriebe: _____ 	Anordnung der Backherde: _____ Separate Funktionen für jeden einzelnen Ofen: _____ _____ _____ Vorteil des Backens direkt auf der heißen Ofenplatte: _____ _____ hauptsächlich vorteilhaft für _____
Schrankförmiger Back- ofen für Klein- bis Großbetriebe: _____ 	Der gesamte Backofen ist ein _____ . • Der Backofen ist befahrbar mit _____ . • Teiglinge und Massen werden gebacken auf _____ . • Gebacken werden kann in einem Backvorgang nur eine _____ bei gleicher _____ und _____ . Vorteil des Blechwagens, da er zum Backen und Ausbacken mit 16 bis 20 Backblechen gefahren werden kann: _____ _____ _____ . Vorteil der Umluftbeheizung auf das Backergebnis: _____ .
Backofen zum Backen kleiner Mengen im Verkauf: _____ 	Ein Ladenbackofen ist ein _____ _____ . Gebacken werden in einem Ladenbackofen hauptsächlich nur _____ _____ Vorteil des Ladenbackofens für die Kunden: _____ _____ . Vorteil des computergesteuerten Ladenbackofens für das Verkaufs- personal: _____

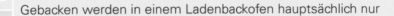

LF 1.4

Name:	Klasse:	Datum:

Gärverlust und Backverlust

Ein gebackener Hefezopf wiegt nur 250 g, obwohl dafür 300 g Hefeteig abgewogen wurden.
Sie können den Gewichtsverlust bei allen Teigen mit Hefe erklären.

1 Ein Bäcker wiegt 1 180 g Brotteig ab, damit er ein Brot von 1 000 g erhält. Der Gewichtsverlust entsteht in zwei Abschnitten. Geben Sie die Begriffe an.

Teiggewicht

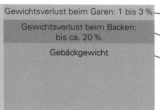

Gewichtsverlust beim Garen: 1 bis 3 %

Gewichtsverlust beim Backen: bis ca. 20 %

Gebäckgewicht

Gebäckgewicht

LF 1.4

2 Erklären Sie den Gär- und Backverlust.

Der Gärverlust ist der Gewichtsverlust

Der Gewichtsverlust entsteht durch

Der Backverlust ist der Gewichtsverlust

Der Gewichtsverlust entsteht durch

3 Geben Sie die Formeln zum Berechnen der Gewichtsverluste an.

Gärverlust = _____ – _____

Mit wie viel Prozent wird das ursprüngliche Teiggewicht vor der Gare angegeben?

Backverlust = _____ – _____

Bei der Backverlustberechnung sind 100 %:

4 Der Backverlust beträgt bei Weizenkleingebäcken ca. 20 %, bei Stangenweißbroten 18 %, bei 500-g-Broten 16 %, bei 1 000-g-Broten 13 % und bei 2 000-g-Broten 11 %. Bei welchen Backwaren erhöht sich der Backverlust?

- _____

- _____

5 Aus 15,750 kg Teig werden Teigstücke für 35 Baguettes abgewogen. Der Gärverlust beträgt 2 % und der Backverlust 17 %. Wie viel g wiegt 1 Baguette?

6 Ein Hefezopf wiegt 320 g. Berechnen Sie den Backverlust in g und in % (1 Stelle nach dem Komma), wenn das Teiggewicht von 28 Hefezöpfen nach der Gare 10,360 kg betrug.

7 Ein gebackenes Croissant wiegt 60 g. Der Backverlust betrug 10,5 %. Berechnen Sie das Teiggewicht eines Croissants, wenn der Gärverlust 1,5 % betrug.

8 Für Rosinenbrötchen werden 2,400 kg Hefeteig für einen Ballen, der 30 Stück ergibt, abgewogen. Es entsteht ein Gärverlust von 1,5 % und der Backverlust beträgt 200 g. Wie viel g wiegt ein Rosinenbrötchen?

Sie haben den Auftrag, Gebäcke aus mittelschwerem Hefeteig herzustellen. Dafür stellen Sie das Grundrezept für leichten Hefeteig um und überlegen sich, welche Gebäcke Sie aus mittelschwerem Hefeteig herstellen können.

1 Ergänzen Sie die Begriffbestimmung der „Feinen Backwaren" nach den Leitsätzen, die auch den Unterschied zu Broten und Kleingebäcken erklärt.

Feine Backwaren sind Erzeugnisse aus Teigen und Massen, die auf ＿＿＿ Teile ＿＿＿ oder

anderen Getreidemahlerzeugnissen mindestens ＿＿＿ Teile ＿＿＿ und/oder ＿＿＿

enthalten. Hefeeiggebäcke gehören deshalb zu den ＿＿＿ .

2 Vervollständigen Sie die Rezepturen für leichten und mittelschweren Hefeteig und beschreiben Sie die Unterschiede dieser Hefeteige und der Hefeeiggebäcke.

LF
1.4

Leichter Hefeteig:	Mittelschwerer Hefeteig:
1 000 g Weizenmehl	1 000 g Weizenmehl
400 g Milch	400 g Milch
60 g Hefe	60 g Hefe
120 g Zucker	120 g Zucker
ca. ＿＿＿	ca. ＿＿＿
150 g Eier (3 Stück)	150 g Eier (3 Stück)
10 g Salz	10 g Salz
5 g Zitronenaroma	5 g Zitronenaroma
5 g Vanillearoma	5 g Vanillearoma

Einziger Unterschied der Rezeptur zwischen leichtem und mittelschwerem Hefeteig:

＿＿＿＿＿＿＿＿＿＿＿＿＿＿＿＿＿＿＿ .

Die Gebäckbeschaffenheit der Gebäcke aus mittelschwerem Hefeteig ist

＿＿＿＿＿＿＿＿＿＿＿＿＿＿＿ (mürber).

Die Frischhaltung der Gebäcke aus mittelschwerem Hefeteig ist ＿＿＿＿＿＿＿＿＿＿＿ .

3 Nennen Sie die abgebildeten Gebäcke aus mittelschwerem Hefeteig.

Name:	Klasse:	Datum:

Sie sollen Butterkuchen herstellen. Dafür erstellen Sie ein Arbeitsrezept für vier Backbleche. Für ein Backblech von 78 x 58 cm benötigen Sie 2,700 kg Hefeteig und 500 g Butter zum Einspritzen in den Hefeteig. Bei der Zeitplanung berücksichtigen Sie auch die Notwendigkeit der Teigruhe.

1 Erstellen Sie ein Grundrezept aus 1 000 g Weizenmehl für den Hefeteig und berechnen Sie ein Arbeitsrezept für die vier Backbleche.

Grundrezept	Arbeitsrezept
1 000 g Weizenmehl, Type 550	
Teiggewicht	Teiggewicht

Berechnen Sie das Arbeitsrezept mit der Schlüsselzahl (Runden Sie auf 1 Stelle nach dem Komma auf):

Schlüsselzahl = _____   Gesamtbuttermenge zum Einspritzen in den Hefeteig:

2 Der Butterkuchen wird zum Verkauf in Stücke von 9,5 cm x 7 cm geschnitten. Zuvor werden an jeder Seite der Blechkuchen 1 cm Rand weggeschnitten. Ermitteln Sie die Stückzahl der vier Blechkuchen.

Stückzahl eines Blechkuchens: _____   Stückzahl der vier Blechkuchen:

3 Im Butterkuchen muss nach den Leitsätzen der Gesamtbuttergehalt mindestens 30 % betragen, bezogen auf das Mehl im Hefeteig. Wie viel Prozent Butter enthält der Kuchen nach dem obigen Rezept?

4 Bei Teigen mit Hefe muss eine Teigruhe eingehalten werden. Erklären Sie den Zeitpunkt der Teigruhe.

5 Während der Teigruhe reift der Teig. Nennen Sie die Vorgänge im Teig während der Teigruhe und beschreiben Sie, wie sich diese in den Gebäcken auswirken.

Vorgänge im Teig während der Teigruhe	Auswirkung der Teigruhe auf die Gebäcke
Die Mehlbestandteile	
Der Kleber im Teig	
Die Hefe	

6 Der Teig mit ausreichend Teigruhe wird als reifer Teig bezeichnet. Welchen Vorteil hat ein reifer Teig für die Aufarbeitung?

Siedefett zum Backen

In der kommenden Karnevalszeit sollen Sie Berliner backen und deshalb schon vorab das richtige Siedefett bestellen. Beim Backen achten Sie auf die fachgerechte Behandlung des Fetts, damit es möglichst lange backfähig bleibt und nicht verdirbt.

1 Geben Sie an, woher Siedegebäcke ihren Namen haben.

2 Erläutern Sie den Begriff „Rauchpunkt", auch „Siedepunkt" genannt.

3 Kreuzen Sie an, bei welcher Fetttemperatur Siedegebäcke gebacken werden.

| | 150 bis 160 °C | | 165 bis 170 °C | | 175 bis 180 °C | | 185 bis 190 °C |

4 Erklären Sie, warum Siedefett nach einigen Backstunden verdirbt und mit frischem Fett ersetzt werden muss.

Erläutern Sie, warum Siedefett nicht über 180 °C erhitzt werden soll.

Warum eignen sich Butter und Margarine nicht als Siedefett zum Backen bis zu 180 °C?

Welche Wirkung hat altes und zersetztes Siedefett auf die Siedegebäcke?

5 Beschreiben Sie die Erkennungsmerkmale von zersetztem, verdorbenem Siedefett, das vollständig erneuert werden muss.

-
-
-

Name: Klasse: Datum:

Ihre Bäckerei/Konditorei verfolgt das Marketingziel, alle Erzeugnisse in bester Qualität anzubieten. Statt mit den immer häufiger üblichen Fertigmehlen (Mehlmischungen) bzw. emulgatorhaltigen Backcremes für Hefeteige, stellen Sie ein Hefeteigrezept für Siedegebäcke ohne Convenience-Produkte zusammen.

LF 1.4

1 Nennen Sie Siedegebäcke Ihrer Region.

2 Welche Füllungen passen für Berliner?

3 Beschreiben Sie anhand des Rezepts die Besonderheiten des Hefeteigs für Siedegebäcke.

1 000 g Weizenmehl, Type 550
400 g Milch
60 g Hefe
120 g Butter/Backmargarine
100 g Zucker
100 g Eier (2 Stück)
100 g Eigelb (5 Stück)
10 g Salz
10 g Zitronen- und Vanillearoma

1 900 g Teiggewicht

Einteilung des Hefeteigs nach dem Fettanteil:

Besonderheit des Hefeteigs wegen eines Rohstoffs:

4 Die Eiermenge im Hefeteig beeinflusst die Aufnahme des Siedefetts beim Backen an der Gebäckkruste. Bei Hefeteigen aus jeweils 1 kg Weizenmehl nimmt ein Berliner beim Backen folgende Fettmenge auf.

9 g Fettaufnahme	7 g Fettaufnahme	5 g Fettaufnahme	3 g Fettaufnahme
ohne Eier und ohne Eigelb	1 Ei und 1 Eigelb	4 Eier	2 Eier und 5 Eigelbe

Erklären Sie die geringere Fettaufnahme der Siedegebäcke bei höherem Eigelbanteil im Hefeteig, indem Sie den Lückentext ergänzen.

Eigelb besteht aus 32 % _____ . Dieses enthält einen hohen Anteil _____ , das im Hefeteig

als _____ wirkt. Durch die emulgierende Wirkung des Lezithins entsteht beim Kneten

des Hefeteigs eine gebundene, zusammenhängende Teigstruktur, in die beim Backen _____

Siedefett _____ kann. Somit nimmt nur die dünne _____ das Siedefett auf.

5 Erläutern Sie, wie der Fettanteil und Lezithingehalt der Eigelbe die Qualität der Gebäckbeschaffenheit von Siedegebäck verbessern.

-
-
-

6 Ein Kunde befürchtet, dass er die in Fett gebackenen Siedegebäcke wegen des hohen Fettanteils nicht gut verträgt. Geben Sie Auskunft hierzu.

Gebäcke aus schwerem Hefeteig gehören insbesondere zu Weihnachten und Ostern zum Standardsortiment. Sie bieten aber auch andere Gebäcke aus schwerem Hefeteig an, die als ideale Gebäckreserven dienen. Sie erklären einem Kunden, warum sie so lange frisch bleiben.

1 Erklären Sie die Begriffe „leichter Hefeteig" und „schwerer Hefeteig" und geben Sie die Fettmenge auf 1 kg Weizenmehl an.

Leichter Hefeteig _____ Fettmenge: _____

Schwerer Hefeteig _____ Fettmenge: _____

Warum werden diese Teige als leichter und schwerer Hefeteig bezeichnet?

_____

_____

LF 1.4

2 Nennen Sie die abgebildeten Gebäcke aus schwerem Hefeteig.

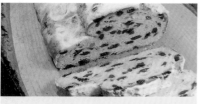  

3 Geben Sie Auskunft, wie lange diese Gebäcke als frisch bezeichnet werden: _____

_____

4 Je mehr Fett die Gebäcke enthalten, desto länger bleiben sie frisch. Begründen Sie diese Aussage mithilfe der Rezeptbeispiele.

leichter Hefeteig		schwerer Hefeteig	
niedriger Fettgehalt im Teig → Milchanteil = Wassergehalt	1 000 g Weizenmehl **400 g Milch** 60 g Hefe 120 g Zucker **100 g Butter/Margarine** 150 g Eier (3 Stück) 10 g Salz 5 g Zitronenaroma 5 g Vanillearoma	1 000 g Weizenmehl **200 g Milch** 60 g Hefe 120 g Zucker **400 g Butter/Margarine** 100 g Eier (2 Stück) 10 g Salz 5 g Zitronenaroma 5 g Vanillearoma	Fett macht Teige weich. hoher Fettanteil im Teig → Milchanteil = Wassergehalt

Der hohe Wassergehalt _____ während der Lagerung der Backwaren.

Die Gebäcke werden _____ .

Es kann nur _____ Wasser verdunsten.

Durch den hohen Fettgehalt bleiben die Gebäcke länger _____ und die _____ länger gebunden.

Name: _____ Klasse: _____ Datum: _____

Ihr Chef erklärt Ihnen, dass schwere Hefeteige auf natürliche Weise ohne Fertigmehle hergestellt werden. Außerdem erläutert er Ihnen anschließend bei der Teigherstellung, warum ein Vorteig notwendig ist, um die Qualitätsmerkmale der Gebäcke aus schwerem Hefeteig erzielen zu können.

LF 1.4

1 Schwere Hefeteige werden mit indirekter Teigführung hergestellt. Leichte und mittelschwere Hefeteige können bei direkter Teigführung hergestellt werden. Erklären Sie die zwei Teigführungsarten.

direkte Teigführung:

indirekte Teigführung:

2 Nennen Sie die Zutaten eines Vorteigs für Hefeteige.

-
(25 bis 40 % der Gesamt-menge des Hefeteigs)

-
(die gesamte Menge bei schwe-ren Hefeteigen)

-
(die gesamte Menge)

3 Erstellen Sie aus dem Rezeptbeispiel für einen schweren Hefeteig ein Rezept mit Vorteig.

direkte Teigführung	indirekte Teigführung	
1 000 g Weizenmehl 300 g Milch 70 g Hefe 120 g Zucker 400 g Butter 100 g Eier (2 Stück) 10 g Salz Zitronen- und Vanillearoma 2 000 g Teiggewicht	Vorteig: _____ g Vorteiggewicht Stehzeit:	Hefeteig (Hauptteig): g Vorteig 120 g Zucker 400 g Butter 100 g Eier (2 Stück) 10 g Salz Zitronen- und Vanillearoma 2 000 g Teiggewicht

4 Die Führung eines Vorteigs hat bei allen Teigen mit Hefe Vorteile für die Gebäcke. Beschreiben Sie die Reifungsvorgänge im Vorteig und die daraus vorteilhaften Auswirkungen auf die Gebäcke.

Reifungsvorgänge im Vorteig	Vorteile auf die Gebäcke
Mehlbestandteile: Hefe: Geschmacksstoffe:	• • •

5 Warum müssen schwere Hefeteige mit Vorteig hergestellt werden? Ergänzen Sie die Lücken im Text.

Je mehr Fett im Hefeteig ist, desto   Milch wird zugeben, weil Fett den Teig

macht. Das Lebewesen Hefe hat somit zu wenig Wasser zum   . Deshalb wird im Vor-

teig eine aktiv gärende und   Hefe gebildet, die dann im wasserarmen

Teig noch   und ausreichend   kann.

6 Geben Sie die typischen Qualitätsmerkmale von Gebäcken aus schwerem Hefeteig an.

Beschaffenheit:

Geschmack:

Lagerungsfähigkeit:

Plunderteig I

Sie haben in Ihrem Laden ein Plakat mit folgendem Werbetext hängen: „Spezialität des Hauses: Frische Plundergebäcke mit köstlichen Füllungen." Eine Kundin möchte von Ihnen wissen, was Plundergebäcke überhaupt sind.

1 Erklären Sie den Begriff „Plunderteig".

LF 1.4

2 Nennen Sie die Fette, die sich als Ziehfett eignen und geben Sie jeweils den hauptsächlichen Vorteil an.

Ziehfette:	hauptsächlicher Vorteil:

3 Erstellen Sie ein Hefeteigrezept für einen Plunderteig und geben Sie die Plunderarten nach den Leitsätzen an, die sich im Fettanteil unterscheiden.

Hefeteigrezept

- 1000 g Weizenmehl
-
-
-
-
-
-

_____ g Teiggewicht

Bezeichnung des Hefeteigs mit touriertem Ziehfett:

Er enthält auf 1000 g Mehl im Hefeteig mind. _____ g Fett.

Worauf bezieht sich der vorgeschriebene Mindestfettgehalt von Plunder und Dänischem Plunder?

Bezeichnungen für fettreichen Plunderteig:

-

oder

-

Dieser Plunder enthält auf 1000 g Mehl im Hefeteig mindestens

_____ g Fett.

4 Sie sollen 250 Plundergebäcke mit einem Plunderteiggewicht von je 70 g herstellen. In den Plunderteig tourieren Sie 4,480 kg Ziehfett.

a) Wie viel kg Plunderteig und Hefeteig benötigen Sie?   b) Ermitteln Sie die Schlüsselzahl für

   Plunderteig: Hefeteig: den Hefeteig. Schlüsselzahl:

c) Geben Sie die verwendete Ziehfettmenge auf 1 kg Weizenmehl und die Plunderartbezeichnung an.

   Ziehfettmenge: Bezeichnung:

5 Geben Sie die Unterscheidungsmerkmale von Croissants im Vergleich zu anderen Plundergebäcken an.

Teig: Ziehfett:

süße Füllungen: Frühstückshörnchen:

Name: Klasse: Datum:

Sie stellen einen Plunderteig her und richten dafür den Hefeteig und das Ziehfett her.
Einer neuen Kollegin zeigen Sie die Arbeitsschritte beim Tourieren.

1 Erklären Sie die Anforderungen an den Hefeteig und das Ziehfett zum Tourieren eines Plunderteigs.

Hefeteig	Ziehfett
Anforderung an den Hefeteig, damit das Ziehfett im Hefeteig nicht weich wird: • Teigführung: • Teigruhe Nach der Teigruhe von ca. 20 Minuten sollte der Hefeteig zum Tourieren gut sein, damit die Teigtemperatur deutlich unter dem _____ des Ziehfetts liegt.	Damit das Ziehfett im Hefeteig beim Ausrollen nicht reißt oder schmiert, darf es zum Tourieren nicht zu _____ und nicht zu _____ sein. Temperatur der Ziehmargarine: Temperatur der Butter:

LF 1.4

2 Beschreiben Sie anhand der Abbildungen das Tourieren des Plunderteigs.

Anzahl der Ziehfettschichten nach einer einfachen Tour:

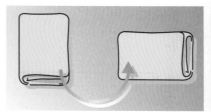

Anzahl der Ziehfettschichten nach einer doppelten Tour:

3 Wie dick soll der Plunderteig beim Tourieren ausgerollt werden?

Sie stellen Plunderteig und Kopenhagener Plunder her. Die neue Kollegin fragt Sie, warum diese zwei Plunderteige unterschiedliche Touren erhalten und wie die Lockerung erfolgt.

1 Nennen Sie die Anzahl der Touren und errechnen Sie die Ziehfettschichten, wenn folgende Ziehfettmengen in 1 kg Hefeteig touriert werden.

Ziehfettmenge	Anzahl der Touren	Ziehfettschichten
150 bis 200 g		
250 bis 300 g		
350 bis 500 g		

Ergänzen Sie die Grundregel beim Tourieren:

Je mehr Ziehfett in den Hefeteig touriert wird, desto _____ muss

der Plunderteig enthalten, damit die Ziehfettschichten nicht zu _____ und nicht zu _____

werden. Das Ziehfett sollte nur so dick sein, dass es die Teigschichten _____ .

2 Erklären Sie folgende Fehler beim Tourieren und dessen Auswirkungen:

Durch zu wenige Touren und somit zu wenig Ziehfettschichten entstehen

Durch zu viele Touren und somit zu viele Ziehfettschichten entstehen

Auswirkungen beim Backen:

Auswirkungen beim Backen:

Auswirkungen auf die Gebäcke:

Auswirkungen auf die Gebäcke:

3 Beschreiben Sie die zwei Lockerungsarten des Plunderteigs.

Plunderteig im Backofen

Plunderteig nach der Gare

tourierter Plunderteig

— Hefeteig
— Ziehfett
— Gärgase
— Wasserdampf

Während der Gare: _____ Lockerungsart: _____

Während des Backens: _____

Lockerungsart: _____

Name: _____ Klasse: _____ Datum: _____

Aprikotur und Fondant

Zu Ihrer täglichen Arbeit in der Bäckerei/Konditorei gehören das Aprikotieren sowie das Glasieren mit Fondant. Zuvor stellen Sie die beiden Glasuren fachgerecht her.

1 Aprikotur ist die erste Glasurschicht. Beschreiben Sie, woraus und wie Aprikotur hergestellt wird und wie sie auf Gebäcke aufgetragen wird.

Herstellung:

Glasieren:

Aprikotur-Gelee ist ⬚⬚⬚⬚⬚⬚⬚⬚ mit ⬚⬚⬚⬚⬚⬚⬚⬚ (Pektine). Statt Aprikotur wird

erhitzter Aprikotur-Gelee mit einer Sprühpistole ⬚⬚⬚⬚⬚⬚ .

LF 1.4

2 Beschreiben Sie das Herrichten von Fondant zum Glasieren.

Temperieren:

Streichfähig machen:

Glasieren:

Richtig temperierter Fondant ist auf den Gebäcken ⬚⬚⬚⬚⬚⬚ und ⬚⬚⬚⬚⬚⬚ .

3 Erläutern Sie den Fondantfehler „abgestorbener Fondant".

Ursache:

4 Erklären Sie den Vorteil von Aprikotur und Fondant auf den Gebäcken.
Ergänzen Sie den Text mit folgenden Wörtern:

> Trennschicht – Glanz – verschließt – fest – dünnflüssig – Gebäckkruste – einfließen – trocknen – Geschmack – Fondant – dünn

Die Aprikotur wird durch das Kochen ⬚⬚⬚⬚⬚⬚ , sodass sie ⬚⬚⬚⬚⬚⬚

aufgetragen werden kann. Beim Aprikotieren ⬚⬚⬚⬚⬚⬚ die Aprikotur die Poren

der ⬚⬚⬚⬚⬚⬚ . Beim Abkühlen wird die Aprikotur ⬚⬚⬚⬚⬚⬚ und bildet eine

glatte ⬚⬚⬚⬚⬚⬚ auf der Gebäckoberfläche.

Vorteile der festen, glatten Aprikoturschicht auf den Gebäckoberflächen:

- Die Gebäcke ⬚⬚⬚⬚⬚⬚ an der Oberfläche nicht so schnell aus.

- Der ⬚⬚⬚⬚⬚⬚ kann nicht in das Gebäck ⬚⬚⬚⬚⬚⬚ .

- Nach dem Glasieren mit Fondant haben die Gebäcke einen schönen ⬚⬚⬚⬚⬚⬚ .

- Aprikotur und Fondant verbessern den ⬚⬚⬚⬚⬚⬚ der Gebäcke.

Sie haben die Aufgabe Blätterteig herzustellen. Dafür erstellen Sie ein Grundrezept und beachten bei der Herstellung insbesondere die richtigen Temperaturen von Teig und Ziehfett bei der Verarbeitung.

1 Erstellen Sie ein Grundrezept für Blätterteig aus 1 kg Weizenmehl.

Hauptzutaten	1 000 g Weizenmehl, Type 550 oder 405 _____ g _____ g	_____ g Ziehfett; Allgemeine Regel der Ziehfettmenge im Blätterteig:
teig- und gebäck-verbessernde Zutaten und deren Auswirkungen	• 80 g _____ • 40 g _____ • 60 g	• Der Teig wird elastischer und ausrollfähiger. • Der Teig wird geschmeidig durch die emulgierende Wirkung. • Die Gebäckkruste bräunt schöner.
Grundteiggewicht (Weizenteig)	_____ g	
Blätterteiggewicht	_____ g	

2 Nennen Sie die Fette, die sich als Ziehfette eignen und in Plattenform verwendet werden. Geben Sie die Verarbeitungstemperatur des jeweiligen Ziehfetts an und wie eine kühle Teigtemperatur erreicht wird.

geeignetes Ziehfett	Temperatur des Ziehfetts zum Tourieren	Erreichen einer kühlen Teigtemperatur, damit das Ziehfett beim Tourieren nicht schmiert
• _____	kühle Raumtemperatur: _____ °C Das Ziehfett früh genug aus der Kühlung nehmen.	Zum Erreichen von 22 bis 24 °C Teig-temperatur:
• _____	über Kühlraumtemperatur: _____ °C	Teigruhe in der Kühlung:

3 Formulieren Sie die Bestimmungen der Leitsätze für Butterblätterteig.

4 Erklären Sie den Unterschied zwischen Blätterteig und Plunderteig.

Blätterteig:

Plunderteig:

Name:	Klasse:	Datum:

Sie sollen Blätterteig für Blätterteigteilchen mit Füllungen und für Schweinsohren herstellen. Bevor Sie mit der Herstellung beginnen, überlegen Sie sich, welche der drei Blätterteigarten hierfür am besten geeignet sind. Bei der Herstellung achten Sie auf die richtige Reihenfolge der Touren und die Einhaltung der Ruhepausen, damit lockere und blättrige Gebäcke entstehen.

1 Nennen und beschreiben Sie anhand der Abbildungen die drei Blätterteigarten.

_____ Blätterteig	_____ Blätterteig	_____ Blätterteig
Charakteristisches Merkmal:	Charakteristisches Merkmal:	Charakteristisches Merkmal:

Lockerung der Gebäcke:

Begründung der Lockerung:

Wirkung auf die Gebäcke:

Lockerung:

Begründung:

Wirkung:

2 Geben Sie für den deutschen Blätterteig die Reihenfolge beim Tourieren und die anschließende Weiterverarbeitung bis zum Backen an, einschließlich der Dauer der Ruhepausen.

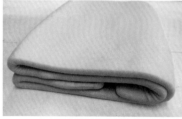

-
-
-
-
-
-
-

3 Ermitteln Sie die Ziehfettschichten nach jeder Tour und im fertig tourierten Blätterteig.

- Ziehfettschichten nach der 1. einfachen Tour:
- nach der 1. doppelten Tour:
- nach der 2. einfachen Tour:
- nach der 2. doppelten Tour:

4 Warum müssen die Ruhepausen eingehalten werden?

-
-

handwerk-technik.de

LF
1.4

Blätterteiggebäcke, Tourieren von Blätterteig

Damit die Ziehfettschichten, die so dünn wie Rasierklingen sind, zwischen den Teigschichten nicht beschädigt werden, berücksichtigen Sie die Regeln des Tourierens. Aus dem Teig stellen Sie dann verschiedene Blätterteiggebäcke für ein abwechslungsreiches Angebot her.

1 Beschreiben Sie die Regeln des Tourierens.

Richtiges Ausrollen, damit Teig- und Ziehfettschichten nicht zerdrückt werden:

Ausrollstärke beim Tourieren: Arbeitsschritt vor dem Zusammenlegen:

Beim Zusammenlegen beachten:

Ausrollrichtung nach jeder Tour:

2 Zählen Sie Gebäcke auf, die aus holländischem Blätterteig hergestellt werden können, sowie deren besonderes Merkmal auf.

Gebäckbeispiele:

Merkmal der Gebäcke:

3 Beschreiben Sie, wie Blätterteigstückchen im Voraus hergestellt und tiefgefroren werden können.

Tiefgefroren werden nur _____ .

Nach dem Tiefgefrieren werden sie vor dem Backen _____ .

Warum sollen fertig gebackene Blätterteiggebäcke, die zum Verkauf glasiert werden, nicht tiefgefroren werden?

4 Nennen Sie bekannte Blätterteiggebäcke.

süße Blätterteigstückchen mit Füllung	Gebäcke:
süße Blätterteigstückchen in Zucker gerollt, der karamellisiert	
Blätterteigböden für Torten und Desserts	
pikante Blätterteiggebäcke	

Name: Klasse: Datum:

Bei der Kundenberatung erläutern Sie, wie die blättrige Beschaffenheit der Blätterteiggebäcke zustande kommt, und wann Blätterteiggebäcke am besten schmecken.

1 Bei welcher Temperatur werden Blätterteige gebacken?

2 Erklären Sie mithilfe der Abbildung die physikalische Lockerung von Blätterteig und wie die zart-splittrige Beschaffenheit der Blätterteiggebäcke entsteht.

LF 1.4

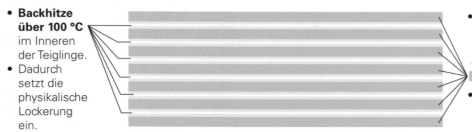

- **Backhitze über 100 °C** im Inneren der Teiglinge.
- Dadurch setzt die physikalische Lockerung ein.

- Die Teigschichten verändern sich durch die Backhitze von über 100 °C im Teiginneren.
  - ――― Ziehfettschichten
  - ▨ Teigschichten
- Die gebackenen Schichten liegen im Gebäck locker übereinander.

-
-
-
-
-

3 Erläutern Sie für die Kundenberatung die Qualitätsmerkmale und den Energiegehalt der Blätterteiggebäcke.

Beschaffenheit:

Energiegehalt:

4 Wann schmecken süße Blätterteigstückchen am besten?

Wie lange sind pikante Blätterteiggebäcke ohne aufweichende Füllung lagerfähig?

5 Zu welchen Anlässen empfehlen Sie Blätterteiggebäcke beim Verkauf?

süße Blätterteigstückchen, Torten und Desserts:

pikante Blätterteiggebäcke:

Sie bieten im Laden verschiedene Teegebäcke aus ausrollfähigem Mürbeteig an. Das Angebot soll mit Gebäcken aus Spritzmürbeteig erweitert werden. Sie stellen passende Gebäcke und die entsprechenden Rezepte zusammen.

1 Tragen Sie die Zutaten für Spritzmürbeteig ein.

900 g

750 g

300 g

200 g

5 g

Aromen:

2 Wie unterscheidet sich die Rezeptur vom Spritzmürbeteig gegenüber dem 1-2-3-Mürbeteig, damit er spritzfähig wird?

Mit welchem Rohstoff kann die Qualität der Spritzgebäcke verbessert werden?

Mit 200 g

LF 1.4

3 Nennen Sie die Zutaten, mit denen das Rezept des hellen (weißen) Spritzgebäcks ergänzt wird.

Schokoladenspritzmürbeteig:

Nussspritzmürbeteig:

4 Geben Sie bekannte Spritzgebäcke an.

kleine Spritzgebäcke:

-

große Spritzgebäcke, die stückweise verkauft werden:

-

-

-

5 Verschiedene Plätzchen wurden früher in vornehmen Kreisen zum Nachmittagstee gegessen und deshalb als Teegebäck bezeichnet. Erklären Sie den Fachbegriff „Teegebäck".

6 Nennen Sie Füllungen für Spritzgebäcke.

-

-

7 Womit können Spritzgebäcke überzogen werden?

-

-

8 Geben Sie Auskunft über die Aufbewahrung und Frischhaltung der Spritzgebäcke.

Aufbewahrung:

Frischhaltung:

Einschränkung der Lagerfähigkeit:

Verzögerung des Austrocknens:

Name:

Klasse:

Datum:

Sie empfehlen beim Verkaufsgespräch verschiedene spezielle Mürbeteiggebäcke und erklären deren Besonderheiten.

1 Erklären Sie Schwarz-Weiß-Gebäcke.

LF 1.4

2 Beschreiben Sie die Besonderheit der Zutaten des Mürbeteigs für das abgebildete Gebäck. Geben Sie außerdem den Namen des Mürbeteigs an sowie Gebäckbeispiele.

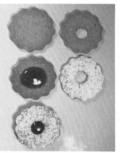

Besondere Zutaten:

Name des Mürbeteigs:

Gebäckbeispiele:
-
-

3 Beschreiben Sie die Besonderheit des Mürbeteigs für Spekulatius und die Beschaffenheit der Gebäcke.

Zutatenverhältnis der drei Hauptzutaten	3 Teile	
	2 Teile	
	1,5 Teile	
Aussehen der Spekulatius		
Beschaffenheit der Spekulatius		
Begründung für die Beschaffenheit		

4 Erklären Sie die Besonderheiten des Mürbeteigs für Käsegebäcke.

Wofür eignen sich Käsegebäcke aus Mürbeteig?

5 Nennen Sie die abgebildeten Mürbeteiggebäcke und deren Besonderheiten.

Besonderheit des Mürbeteigs:

Backen:

Lebkuchenteige

Ihr neuer Kollege fragt Sie, ob es nicht zu früh gewesen wäre, schon im August den Grundteig für Lebkuchen herzustellen. Sie erklären ihm die Vorteile des Lagerteigs und welche Lockerungs-mittel und Gewürze benötigt werden, um daraus einen Lebkuchenteig herzustellen.

1 Für Lebkuchenteig wird zuerst ein Frischteig, der bis ca. drei Tage liegt, oder ein Lagerteig, der mehrere Monate lagert, hergestellt. Nennen Sie die Zutaten für diese Grundteige.

Mehle	süßende Zutaten
•	•
•	•
	•

2 Vor der Lebkuchenteigherstellung ist zuerst ein Grundteig herzustellen, der einige Zeit liegen muss. Erklären Sie den Vorteil der Lagerung des Lebkuchenteigs.

3 Mit welchen Zutaten wird der Grundteig zum Lebkuchenteig ergänzt?
Warum werden diese Zutaten erst unmittelbar vor der Verarbeitung in den Grundteig geknetet?

Würzstoffe	Lockerungsmittel
•	•
	•

4 Nennen Sie einige Gewürze, die im Lebkuchengewürz, einer Gewürzmischung, enthalten sind.

5 Geben Sie folgende Leitsätze für Gebäcke aus Lebkuchenteigen an:

Braune Lebkuchen enthalten auf 100 Teile Mehl

Honigkuchen bzw. Honiglebkuchen sind _____ , bei denen _____

6 Ein Lebkuchenteig wird mit folgendem Rezept hergestellt: 3,600 kg Weizenmehl, 1 200 g Roggenmehl, 2,400 kg Honig, 1 920 g Farinzucker (brauner Zucker), 960 g Wasser, 192 g Lebkuchengewürz, 48 g Hirschhornsalz, 24 g Pottasche.

a) Ermitteln Sie den Honiganteil der Zuckerarten (Zucker und Honig) in %.

Dürfen diese Lebkuchen nach den Leitsätzen als Honiglebkuchen bezeichnet werden?

b) Berechnen Sie, wie viel Lebkuchenfiguren von je 45 g aus dem Lebkuchenteig ausgestochen werden können, wenn 3,5 % des Teigs Verschnitt sind. (Runden Sie auf ganze Gramm ab.)

Name: _____   Klasse: _____   Datum: _____

Für die Weihnachtszeit planen Sie eine Lebkuchenaktion. Dafür entwickeln Sie u. a. einen Flyer, in dem Sie die Herstellung, die Lagerung und die charakteristischen Merkmale der verschiedenen Lebkuchen erläutern.

1 Erklären Sie die Beschaffenheit der Braunen Lebkuchen. Ergänzen Sie den Text, indem Sie die Silben richtig zusammensetzen.

> ARO – MA – BACK – ER – DAU – FEST – FLÜS – GE – GE – GE – HART – LA – REN – RUCH – RUNG – SCHMACK – SIG – WA – WEICH

- Der hohe Zuckeranteil im Lebkuchenteig wird beim Backen _____ .

- Der Zucker wird nach dem Backen in den abgekühlten Lebkuchen _____ .

- Die Braunen Lebkuchen werden dadurch sehr _____ .

- Der Zucker in den Lebkuchen wird zunehmend bei der _____ _____ .

- Bei der Lagerung zieht das _____ der Lebkuchengewürze und des Honigs durch die Lebku-

  chen, sodass diese einen feinwürzigen _____ und _____ bekommen.

- Durch den hohen Zuckergehalt gehören Braune Lebkuchen zu den _____ .

2 Benennen Sie die Lebkuchen über den Fotos und beschreiben Sie darunter deren Besonderheiten.

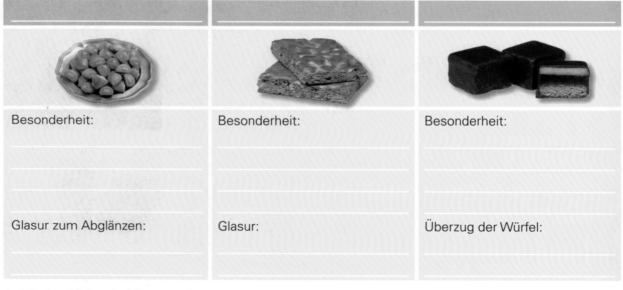

Besonderheit:	Besonderheit:	Besonderheit:
Glasur zum Abglänzen:	Glasur:	Überzug der Würfel:

3 Auf Preisschildern bei Braunen Lebkuchen steht „Nürnberger Lebkuchen" und „Aachener Printen". Geben Sie Auskunft über diese Bezeichnungen.

4 „Baseler Leckerli" und „St. Gallener Biberle" sind Gattungsbezeichnungen für Lebkuchen. Erläutern Sie den Begriff „Gattungsbezeichnung".

Erklären Sie örtliche Gebäckbezeichnungen mit den zusätzlichen Angaben „echt" oder „original", z. B. „echt Hamburger Brauner Kuchen" oder „original Pulsnitzer Lebkuchen".